小轻工

主　编／王广阔
副主编／张元衡　周　会　窦海林

会运动的孩子真棒
中小学体育满分锦囊

中国轻工业出版社

鸣谢

特聘顾问 | 王晓东（北京市朝阳区教育科学研究院体育学科教研员）
赵卫新（北京市特级教师、正高级教师、北京市优秀教师）

主　　编 | 王广阔（人大附中北京经济技术开发区学校）

副 主 编 | 张元衡（人大附中北京经济技术开发区学校）
周　会（人大附中亦庄新城学校）
窦海林（北京市大兴区兴华中学）

| 编　　委 |

马国凤（人大附中北京经济技术开发区学校）
王　音（人大附中北京经济技术开发区学校）
赵永辉（北京市第二中学经开区学校）
苑　涛（人大附中北京经济技术开发区学校）
杨家威（人大附中北京经济技术开发区学校）
范英明（人大附中北京经济技术开发区学校）
宋　瑞（北京市第十中学）
刘　娉（人大附中北京经济技术开发区学校）
张　喆（北京市朝阳区花家地实验小学朝来校区）
孟庆鑫（人大附中北京经济技术开发区学校）
尹久润（人大附中北京经济技术开发区学校）
杨　妲（人大附中北京经济技术开发区学校）
刘利全（人大附中北京经济技术开发区学校）
刘　贝（北京工业大学附属中学十八里店分校）
伊　卓（北京市朝阳区呼家楼中心小学）
张　鑫（清华大学附属中学广华学校）
李建龙（人大附中北京经济技术开发区学校）
邱鑫悦（人大附中亦庄新城学校）
刘　磊（北京市第二中学经开区学校）
王亚东（人大附中北京经济技术开发区学校）
孙　宇（北京市西城区顺城街第一小学）
柳建安（对外经济贸易大学附属小学）
郑家君（人大附中亦庄新城学校）
崔保群（北京市少年宫乒乓球教练）
马全闯（清华大学附属小学商务中心区实验小学）

| 动作示范 |

刘　娉　郑家君　吴奕霖　赵欣怡　李曼岑　李慕堂　周昶宏　吕辰悦　蒙　田
张文泉　王静宜　许嘉熠　李沐霏　李嘉晨　王乙州

| 现场指导 |

王广阔　刘　娉　杨　妲　孟庆鑫　权一全　李建龙　崔保群

| 特别支持 |

人大附中北京经济技术开发区学校

推荐序

很高兴能参与到《会运动的孩子真棒》这本书的出版中，并受邀作序。运动对于孩子身心发展的益处是毋庸置疑的，不但身体能够得到锻炼，智力也会得到发展。而且，运动还可以调控情绪、调整心情，运动中身体会不断分泌多巴胺，成为人的快乐因子，令人感到愉悦。近年来，社会各界更加重视孩子们的身心健康成长，中小学阶段体育成绩的比重已经增加，希望通过体育测试，帮助孩子们养成一生的运动习惯，让孩子们拥有健康体魄与健康心理，成为德智体美劳全面发展的社会主义建设者和接班人。

义务教育阶段的体育与健康考核评价，对于孩子们来说，既是一个挑战，更是一个机遇。它不仅考查孩子们的身体素质与运动能力，更是对孩子们的意志品质、心理素质和团队协作能力的综合检验。

身边有很多家长朋友们都希望孩子能得到专业指导和实用建议，来更好地迎接即将到来的考试。当然考试不是终点，我更希望孩子们能提升身体素质和运动能力，养成终身锻炼的好习惯。

这本书可以说是顺应家长和孩子们的需求而编写的，希望能够较为全面地解决大家关心的各类问题，并用具体可行的方案来解决。本书参考《国家学生体质健康标准》，系统讲解了跳绳、坐位体前屈、1000 米跑（男）/ 800 米跑（女）、立定跳远、游泳、实心球、引体向上，以及球类、体操、武术等 20 余个项目的练习方法和提分攻略，设计了科学、合理、安全、有效的训练方案，结合图片、视频进行全面指导，从师生教与学维度出发，让家长看得明白，孩子记得清楚、练得轻松，有助于孩子们在体育测试中取得好成绩，更能练出好身体和好心态！

希望这本书能够成为孩子们健康成长的基点，让孩子们养成良好的锻炼习惯，助力孩子们拥有健康幸福的人生。

北京市特级教师、正高级教师
北京市优秀教师
赵卫新

引体向上

一个都拉不起来还有救吗？

身体太胖

怎么练？

太跑太痛苦了！

心理状态？

怎么调整

瘦弱的孩子

怎么练？

中考体测鞋

怎么选？

如何避免

运动损伤？

1000 米跑步

中途跑不动了怎么办？

体育考试赶上了生理期，怎么办

如何规避犯规的动作？

跳绳 总是跳几个就断！

1分钟仰卧起坐 总停留在44个（满分48），怎么突破？

跳远 总是找不到用力的爆发点！

功能饮料有用吗？

扁平足，选鞋有啥讲究？

足、篮、排、乒、羽，到底选哪个？

明天就要考试了，紧张！

如何选对适合自己的考试科目？

如何平衡运动和学习的关系？

我对爸妈说的话

贝贝（一年级）

妈妈，我真喜欢学校的零点体育课①，一到学校就能和同学们一起跳房子、抖空竹、跳绳、踢球……

嘟嘟（二年级）

妈妈，你老让爸爸带我出去锻炼，但爸爸总躺床上看手机。为啥我一看手机，你就说我？我觉得你和爸爸看手机的时间比我长多啦！

沁研（三年级）

爸爸，我跟妈妈去了动物园，智能手表上显示今天走了12608步，我厉害吧！

奕帆（四年级）

终于放假了，学校里布置的体育作业是不是可以不用完成，老爸？

①：零点体育课是学生每天一进学校，先上一节体育课，活跃大脑，为一天的学习做好准备，然后再开始上文化课。

爸妈对我说的话

贝贝妈

我也发现你最近不睡懒觉了，也会主动喝水、喝牛奶了，自觉性强了，比以前更开心、更健康、更自信了。给你、给学校点赞！

嘟嘟妈

别管你爸，趁你还在没啥作业的年龄，天黑之前都不要回家，楼下玩去。我的希望就是不要戴眼镜！不要戴眼镜！不要戴眼镜！好好锻炼，长大高个儿。

沁研爸

体育除了可以给你加分，还可以提高思维灵活性，改善记忆力，增强抵抗力。宝贝，这么好的事，咱们得持续一辈子啊！

奕帆爸

你是不是忽略了体育作业前面的“必选区”这三个字？这是必须完成的！每天下楼约上小伙伴跑步、捉迷藏、跳绳去，这跟你的“语数英”一样重要。

我对爸妈说的话

悦悦（五年级）

妈妈，假期结束了，课业越来越紧张、作业也多，还有课外班，感觉都没时间运动了。

嘉琪（六年级）

妈妈，今天50米×8往返跑我跑了小组第一，快累散架了，但是很开心，练了两个月，跑出这个成绩感觉真的很爽！

梓潼（七年级）

每次跑800米真是太痛苦了，说好的一起慢跑，爸爸，您在哪呢？

菠菜（八年级）

我们班引体向上很多人都做不了一个，我能做两个，不错啦！爸，您知足吧！

博仁（九年级）

还有一个月就中考体测了，1000米差10秒满分，老爸，说实话我有点不太甘心。

爸妈对我说的话

悦悦妈

运动和学习一样重要，你看看可以舍弃哪个课外班？步行上学、上下楼不坐电梯，也是锻炼。

嘉琪妈

记住今天这个感觉，在以后的学习生活中，如果遇到什么困难，就想着坚持一下，然后再开心一下。

梓潼爸

最近工作太忙，忘了。以后每周末，咱俩一起去附近的公园跑道跑上三四圈，再回家吃早饭吧。

菠菜爸

引体向上，我上学时一次做20个不在话下，为啥你两个就是极限了呢？我小时候没你吃得好呀！

博仁爸

考试固然重要，但我更希望你能享受运动带给你的快乐！今天开始，拽上你妈，咱们一起跑步去。

目录

第一章 体育锻炼每天 1+1 小时

第二章 早知道、早受益的满分考试技巧

扫码获取

目标设定

知识科普

视频跟练

AI体育教练员

第三章 耐力项目怎么提分

第四章 速度、力量、柔韧类项目怎么提分

第五章 球类项目怎么提分

第六章 体操类项目怎么提分

第七章 民族传统体育项目怎么提分

第八章 体育考试个性化定制提分秘籍

注：本书以北京市体育中考为例，其他省市地区考试项目及评分标准可能略有不同，请大家以本地考试要求为准，但各项目练习方法、训练方案可以通用。

第一章

体育锻炼每天1+1小时

我运动，我健康，我成长

“生命在于运动”，近 20 年来，我国青少年体质提升缓慢，体能素质下降，肥胖率上升，近视率居高不下，这种状况实在令人担忧。参加各项运动，不仅能锻炼身体，增强体质，还能多接受阳光的照射，促进身体对钙、磷的吸收，有助于骨骼的生长发育，消除大脑的疲劳，增强记忆力，提高学习效率。让我们一起养成良好的运动习惯，增强体质，助力健康成长吧！

促进发育
肌肉和骨骼接受外界刺激，利于发育

增强心肺
提高肺活量，增强心肺功能

保护视力
缓解眼部疲劳，减缓近视进程

动作协调
促进神经系统的发育，提高身体灵活性

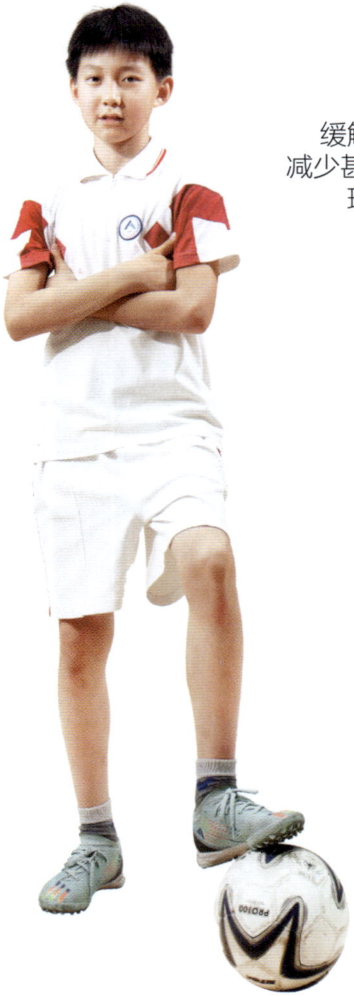

心理健康
缓解焦虑和紧张，减少甚至消除负面情绪，理性对待挫折

改善睡眠
帮助调节生物周期，使身体适度疲劳，帮助更快地进入睡眠

使大脑更聪明
促进脑神经发育，提升思维能力，提高记忆力

人际交往
构建良好的人际关系

体育考试的项目，咱好好练，练成热爱

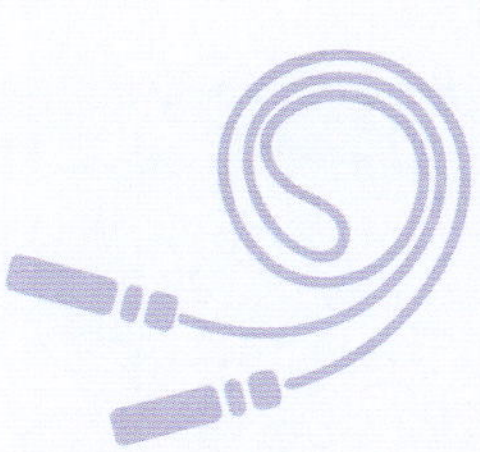

目前，国家教育部门推荐同学们体育锻炼 1+1 小时，是希望大家每天至少有 2 小时的体育活动时间，即在学校每天有 1 小时的体育活动时间，在校外也鼓励同学们每天至少完成 1 小时的体育运动，来锻炼体能、提高身体素质。

下面来看看体育都考些什么，大家可以根据自己的身体素质和个人喜好选择适合的运动项目，把体育考试项目融入日常运动中，锻炼身体、提高成绩一举两得。

1 分钟跳绳：每天练 3~5 组（四、六、九年级考）

跳绳比较简单，建议在幼儿园或一年级的时候就开始练习，和爸爸妈妈或其他小伙伴一起练习，可增加趣味性。1 分钟 1 组，每天坚持练习 3~5 组。可采用计数跳的方法跳到规定数，再采用计时跳的方法练习速度和耐力，备考时则按考试标准练习计时跳。也可以听着自己喜欢的音乐进行练习，建议选择节奏感强一些的音乐。

1 分钟仰卧起坐：二年级开始训练（四、六年级男生、女生都考；八、九年级女生考）

1 分钟仰卧起坐是小学四、六年级中考过程性考核项目，属于体能练习中的肌肉力量练习，同学们不宜过早地进行肌肉力量练习，建议在小学二年级结合发展核心力量的游戏进行练习，三年级开始进行 1 分钟仰卧起坐专项体能练习。

坐位体前屈：平时有针对性练习，考试就不难（四、六、八年级考）

坐位体前屈是检验柔韧性的项目。若平时训练有素，考试自然不必担心。可在每次锻炼前后都做拉伸运动，考试前每天晚上多做几次，做到心中有数，从容迎接考试。

耐力跑：功在平时，贵在坚持（八、九年级考）

1000 米跑（男）/800 米跑（女）往往是大家的痛点，不过，我们可是不甘落后的，战胜跑步过程中的“极点”、迎难而上会让我们变得更勇敢、更强大。当然，作为考生可提前一年或更久开始训练，以从容的姿态取得好成绩。

立定跳远：七、八年级是提升立定跳远的黄金时间段（八、九年级考）

七、八、九年级时，建议每周练习3～4次。在老师的带领下练习，同时做好课后安排，在家练习原地挺身跳、单脚跳等，提高身体的爆发力。考试前3周，适当进行模拟考训练。

引体向上：从小在家练习（八、九年级男生考）

有条件的同学可以让爸爸妈妈买一个能保证安全的家用单杠，从小在家练习正握杠悬垂动作，从吊着开始，再慢慢做引体向上，同时也有助于长高。也可以去小区或公园的单杠上进行练习（做好保护）。注意，做好引体向上还应多练习手臂、背部以及核心的力量。

实心球：训练核心力量和爆发力（九年级考）

这个需要我们平时在课堂上积极训练，掌握动作技巧。从八年级开始重点做上肢力量、核心力量，以及爆发力练习，有助于提升前掷实心球 / 推铅球的成绩。

足球 / 篮球 / 排球：从小产生兴趣，日后训练掌握技巧（九年级考）

6岁前就可以接触球类运动了，但系统的学习还是等到6岁以后更好。球类项目要求有良好的身体协调性和灵敏性，10～13岁这段时期练习球类项目是再合适不过的，而且学起来能比较快地掌握动作技术和技巧。因此建议在升入八年级前，就选好要考试的球类种类，开始训练考试技能。

Tips

在有一定跑步技巧基础之上做运动速度练习更容易取得效果。在训练时，要注意量力而行、循序渐进，更要注意姿势的准确性，以免造成运动损伤。

乒乓球：早接触早练习，八年级开始练习也不晚（九年级考）

5 岁左右就可以摸摸球拍了，如果喜欢乒乓球的话，能坚持训练最好。当然，暂时不喜欢也没关系，还有一段黄金时间可以练习乒乓球来参加中考，即八年级结束的暑假及中考前，这段时间用来掌握乒乓球的技能、动作要点及节奏。在临近中考前，加长左推右攻、发球的针对性练习时间。尽可能多地安排完整的中考模拟考试场景，适应考试环境与考试节奏。

羽毛球：挥拍需用力，二年级前后开始（九年级考）

一二年级，就可以跟爸爸妈妈一起打羽毛球，不仅有趣，还有助于建立更亲密的亲子关系。注意在练习的过程中，掌握发球、正反手挑球等专项技术。

游泳：依据自身兴趣爱好选择时段参与学习（九年级考）

小学 6~10 岁阶段，同学们的肌肉力量、心肺功能、骨骼强度等都发育得较为完善了，并且表达能力、理解能力更好了，也更独立了，课业还不是很紧张，这个时间段不学习游泳更待何时？学会游泳并坚持练习，掌握游泳技术，九年级考试时就轻松了。

成为一个数字控：记录速度、时间、次数等

准备一个本子，给自己制订每周练习计划。校外体育锻炼时长建议达到每日 1 小时，制订计划时，合理安排训练项目和时间。在每个项目上记录所练动作、时间、速度、次数等，并在练习后反思做得不到位的地方，填写上注意事项，帮助下次训练时改正错误动作。定期复盘、总结，熟悉自己的身体状态，从容参加考试。

如果能从小做到有意识地合理安排训练，中考对于我们来说真的是“小菜一碟”。

柔韧、灵敏、速度、耐力、力量，不错过每一个身体素质发展敏感期

身体素质的发育存在敏感期，即在某些阶段，其提升速度最快。这表明，身体素质可以在特定时间内通过合适的锻炼得到最好的提升；反之，如果个体在敏感期内没有进行相应的锻炼，会错过身体素质的最佳提升期，在这之后进行锻炼，效果会打折扣。

身体素质发展有先后之别，由增长阶段过渡到稳定阶段，按先后顺序为：柔韧、灵敏、速度、耐力和力量素质。男女排列顺序基本一致，但存在较大的个体差异。

儿童青少年的身体素质按敏感期先后顺序排列，一般依次为：

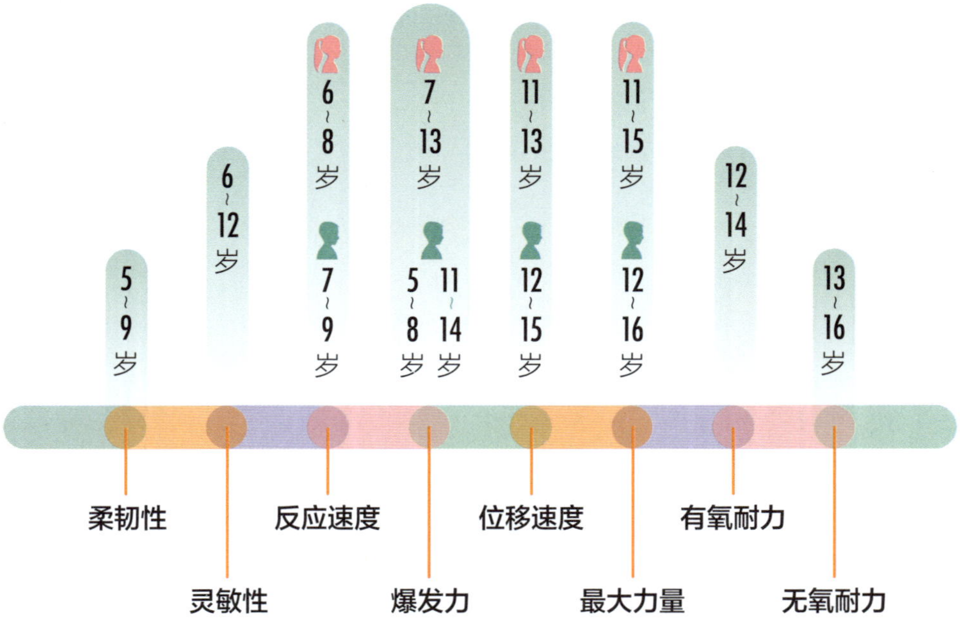

Tips

运动没有捷径，每一步都是为了自己而迈。错过了“敏感期”并不意味着失去了机会，想要拥有健康的身体素质，现在就行动起来。因为，栽一棵树最好的时间就是现在。

5～9岁柔韧敏感期，身体柔韧性如何提升

柔韧素质敏感期在5～9岁，一般来说，女生的柔韧素质明显比男生强，而且年龄越小，柔韧性越好。利用好这段时期进行合理训练，柔韧素质可得到较快提高。在训练时还需注意柔韧与肌肉力量之间的关系，如身体向后仰成弓形时的能力差，其原因是躯干伸肌力量不足，并不是柔韧素质差，这时必须加强力量训练，以防运动损伤。

提升柔韧性的 3 个动作

弓步转体： 先左腿小腿与地面垂直，膝盖不要超过脚尖，右腿向后伸直，右手搭在左膝盖上，左侧手臂带动身体向后伸展，至最大幅度时保持3秒，还原，换另一侧。

坐椅体前屈： 坐在凳子（或椅子）上，一条腿与地面成90度角，另一条腿伸直，双手向前伸，至最大幅度时保持15～20秒，换另一侧，注意伸直的腿不要弯曲膝关节。

抱头深蹲： 双手十字交叉于脑后，双脚开立与肩同宽，慢慢下蹲，此过程中抬头挺胸向前看，脚后跟不要离地。需要注意的是，下蹲时膝盖不能超过脚尖。

Tips 提升柔韧性的练习可安排在运动后的拉伸环节。要根据自身柔韧性的发展水平合理地安排练习，并做到持之以恒。注意循序渐进，随着柔韧性水平的提高，练习应逐步加大幅度。

6～12岁灵敏敏感期，灵敏协调素质如何提高

同样都是老师刚教的动作，是不是有些同学学得快，做得好，看着也舒服，有些同学的动作则怎么看怎么别扭，质量自然也不高。这与每个人的协调性、灵敏度有一定关系。灵敏也是有素质的，灵敏素质通常是指面对突然变化时，人体迅速改变体位、转换动作的应变能力。这种素质5～6岁就开始显现了，7～10岁增速最快，如果是在这个年龄段有意识地锻炼，事半功倍。当然，任何时候动起来都不晚。

提高灵敏协调素质的 3 个动作

十字变向跑：以运动者为中心，前后左右距离 2 米各放一个标志物或纸杯，运动者快速移动至标志物或纸杯处并触摸，再回到中心点，以前后左右的顺序移动 3 次。

扫码看视频
（十字变向跑）

转向跳：将代表不同方向的不同颜色标志物放在地上，或在地上画不同方向的箭头，转向跳时，脚尖的朝向需与代表不同朝向的标志物（或与箭头）方向一致。

跳正六边形：取六边形的塑料圈或画边长为约 0.6 米的正六边形，人站立其中，快速跳过线外再回到原点，按逆时针方向进行，连跳 3 圈。

扫码看视频
（跳正六边形）

Tips

做灵敏训练要在情绪高、积极性高时，单次训练时间不宜过长、内容不宜过多。通常要求在跑跳中快速、准确、协调地做出各种调整身体方位的规定动作。

6~15岁速度敏感期，运动速度如何提高

速度发展也是有敏感期的，在此期间不妨多做提升速度的运动训练。第一敏感期是大脑神经发育、身体控制能力、速度发展的关键期，一般为6~7岁；第二敏感期是提升步幅和肌肉力量的时期，一般为13~15岁。这个年龄段做频率高及需要快速反应的体育活动可提升运动速度。

提高运动速度的 3 个训练

牵引跑： 将弹力带一端系到腰部，另一端固定，使用站立式起跑方式起跑，向前跑时要不断加大摆臂频率、提高步频，跑出 30 米后可以渐渐放慢速度。当适应后，逐步增加牵引跑距离（如从 30 米增加至 50 米）和重复次数（如从 3 次增加至 5 次）。

上坡跑： 在坡度小的斜坡进行，跑动距离一般为10~50米。专注呼吸，保持重心适度前倾，腰背部挺直，有意识地使用臀部肌肉和大腿后侧肌肉发力。

左右横跨跳跃： 竖着摆 3 条绳子或画相距 1 米的 3 条平行竖线，双脚站在中间线的两侧，按向左、返回、向右、返回，双脚分别跨越竖线的动作顺序进行。记录 20 秒完成的次数。这个跳跃要集中注意力，用前脚掌着地，着地时身体重心稍前倾。通过练习不断提升跳跃速度。

11～16岁力量敏感期，力量训练如何进行

力量是人体克服或对抗阻力的能力，是速度、耐力、灵敏和柔韧等身体素质的基础。男女生力量素质敏感期是有差异的。男生的力量素质敏感期在12～16岁，女生的在11～15岁。抓住力量素质敏感期，加强力量训练，可让同学们在练习考试项目时游刃有余。

如何进行力量训练

上肢力量训练：如俯卧撑（参见第52页）、斜身引体（参见第97页）和双杠臂屈伸（参见第102页）等。

下肢力量训练：如深蹲跳（参见第42页）、1分钟跳绳（参见第65页）、立定跳远（参见第73页）等。

核心力量训练：如1分钟仰卧起坐（参见第80页）、两头起（参见第75页）、平板支撑（参见第99页）等。

Tips

力量练习应注意低负荷、多次重复，每周2～3次，持续时间15～20分钟，中等运动强度。训练前要做充分的准备活动，可结合柔韧素质的训练进行，以避免运动损伤。完成后做拉伸，缓解肌肉疲劳。

校外 1 小时体育活动安排

把握运动安全 4 个要点

1. 在身体状态好的时候运动，如果因为过度疲劳、睡眠不足等造成运动损伤就得不偿失了。
2. 活动前认真检查场地和器材，看看器材是否牢固、完好，消除那些会让同学们受伤的安全隐患。
3. 运动量要适当。每天至少进行 1 小时以有氧运动为主的中等强度身体活动（心跳、呼吸加快，但仍可以在活动时轻松讲话）为好。
4. 运动过程中适当补水，运动后科学饮食，保证身体的需要，取得最佳的锻炼效果。

校外 1 小时活动安排

15 分钟热身 + **40 分钟技能练习** + **5 分钟放松**

15 分钟热身

广播体操

40 分钟技能练习

任选项目

跳绳、篮球、排球
足球、游泳、轮滑
乒乓球、羽毛球

亲子活动

双人跳绳
双人交叉跳
双人仰卧起坐
双人斜板支撑

5 分钟放松

放松操
坐位体前屈
全身肌肉拉伸

做广播体操不仅可以强身健体，塑造完美体形，还可以缓解大脑疲劳，促进大脑发育，保持心理健康。同学们在学校要认真做哦！

让家长和学生头疼、烦恼的问题一扫光

扁平足怎么选鞋？

扁平足的足弓高度不够，着地时减震效果不佳，因此选择鞋底偏硬的支撑/控制系跑鞋，可起到支撑足弓的作用。

有足弓支撑结构的跑鞋，可为足弓提供有力支撑；带有减震作用的控制型跑鞋，虽然重量大一些，但是对脚部的保护和震动的缓冲很有用。

体育考试赶上了生理期，怎么办？

如果平时经期无明显不适，即便体育中考遇上，也不会影响正常发挥，不必过于担心，顺其自然、从容应对即可。

对于平时经期存在明显痛经、腹泻、经量过多等不可耐受情况的女生，可到正规医院与相关医生协商调理。

如确需用药，一定在医生指导下进行。

跑步鞋如何选？

1. 重量轻：重量越轻的鞋越能提升跑步速度，减少体力消耗，进入持久、轻松、快速的跑步状态。
2. 回弹好：跑鞋中底回弹好，可为奔跑提供助力。选舒适、耐用、缓震、减压，具有较好回弹性的鞋。
3. 抓地力强：良好的抓地力是发力的保障。

考前一周怎么安排训练？

考前一周，模拟测试满分的同学训练以保持体能为主，多抓细节，多模拟考场上的突发情况，做好心理准备。临考前，尽量减少大负荷运动，以及挑战性项目的练习，减少运动风险的出现。可做简单的技术练习，避免高难度动作。

考前模拟测试没有达到满分的考生，要多储备体能。不建议在考前做力量训练，这不利于肌肉恢复，会间接影响成绩。懂得取舍，多抓技术环节，选择训练重点，如实心球拨指技术，立定跳远空中展体、收腿技术，争取拿到高分。如有几个项目都不满分，哪个更容易得满分多练哪个。

跑着跑着岔气儿了怎么办?

预防岔气儿 4 要点

1. 做好充分的准备活动。嬉笑聊天容易造成岔气儿，在进行准备活动和跑步的时候要认真，注意呼吸和节奏，避免和同学嬉笑聊天。
2. 跑步前少量饮水，跑步后少量多次饮水，不要在跑步前或者跑步中无节制地饮水。
3. 饭后 1 小时内不要剧烈运动，跑步考试前饮食尽量清淡些，不要进食大量食物。如果紧张或实在太饿可以吃一根香蕉，少量饮用些清水。
4. 跑步时关注呼吸和节奏，保持放松、协调的跑步方式。

岔气儿了这样做

1. 如果突然岔气儿了，立即用手按住痛处，减慢跑速，加大肺通气量，加大呼吸深度，多做几次深呼吸，坚持一段时间，疼痛就会消失。
2. 如不想减速或停下，可注意自己呼气和吸气时分别对应哪只脚落地，分辨清楚后，变换节奏。如原本是迈左脚时吸气，可变换为迈右脚时吸气。
3. 在正确动作的基础上，全脚掌着地，屈膝缓冲过渡到前脚掌蹬地，上身挺直放松，双臂自然有力地摆动。
4. 如果以上方法都不能缓解，就要马上停止跑步，伸直双臂，向上举过头顶站好，身体弯向岔气儿位置对侧，以缓解疼痛。

体育考试缓考好不好?

一般情况下是不推荐缓考的。缓考机会是为了照顾有特殊情况，如生病、暂时无法到场等不能参加考试的同学。但是，有的同学仅仅因为没有信心应对考试，就想利用缓考多增加几天训练时间。这种想法并不可取，因为在体育考试之后，很多学校老师会修改体育课内容，不再进行系统训练，这非但不利于体育考试，还会影响文化课的复习。另外，缓考的氛围也不如正式考试，这也会间接影响成绩。

进考场前喝功能性饮料，成绩会提高吗?

不会，如果说喝功能性饮料有作用，那是大家的心理在起作用。一般来说，考前可在考场外少量饮水，更重要的是保持好心态，发挥出自己的水平。

考试过程中鞋带开了怎么办?

无论系不系鞋带，时间是不会停的，尤其是跑步考试只有一次机会，这种情况下成绩肯定是会受到影响的。因此，为了避免发生这种情况，必须在考试前做好充分准备。即便在有两次考试机会的考试项目中，鞋带开了，也要珍惜时间和机会，不要停下系鞋带。一定要保持心态平和，不要去理它，暗示自己一切都是正常的，继续完成考试任务。

怎么系鞋带不易散?

1. 打一个基础结。
2. 对折一侧鞋带固定，放在未对折鞋带的上面，交叉成洞，再绕一圈。
3. 最后向左右两侧拉紧就可以了。

基础结

交叉

再绕一圈

拉紧

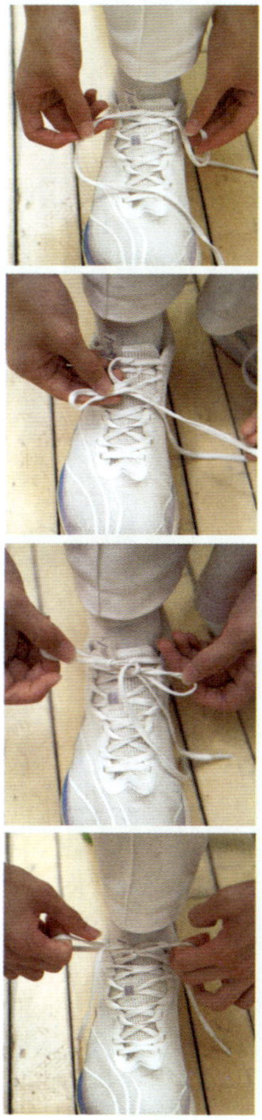

考试时为什么不建议穿篮球鞋?

篮球鞋能保护踝关节，适合打篮球的时候穿。体育考试时不建议全程穿，因为其比较重，会增加考试难度。比如，在考立定跳远时，篮球鞋会增加跳远时的负重，影响考试成绩；而在 1000 米跑（男）/ 800 米跑（女）项目中，多一丝的重量都会拖慢跑步速度，进而影响成绩。建议大家选择合适的鞋去参加各项考试项目。

扫码看视频

第二章

早知道、早受益的满分考试技巧

超级实用的运动前热身、运动后拉伸攻略

运动前热身的 4 种方法

运动前热身，以较轻的活动量先行活动肢体，为随后更为剧烈的身体活动做准备，从而提高后续激烈运动的效率和运动的安全性，减少受伤的概率。运动前热身对运动表现的提高也有积极作用。每次训练前，根据训练项目所涉及的关节、肌肉选择动作进行热身，时间一般推荐10～15分钟。生活中，运动前建议通过下面4种方法来热身。

1 轻度有氧运动

如慢跑、快走等，提高心率及肌肉温度。

2 关节活动

如腕踝旋转、颈部伸展、关节屈伸等，放松肌肉和关节，预防扭伤和拉伤。

3 肌肉拉伸

如腿部拉伸、手臂伸展等，提高肌肉的伸展性、弹性与快速反应。

4 呼吸调节

如深呼吸、缓慢呼气等，增加氧气吸入、放松身体。

运动后拉伸的要点

运动后的拉伸可以促进肌肉和肌腱的恢复，使肌肉与肌腱得到舒展，有利于防止肌肉僵硬，还能缓解因高强度运动而造成的延迟性肌肉酸痛。运动结束后，最好做静态拉伸。通过3～10分钟保持伸展的姿势，如侧压腿、双手向身体侧面拉伸等，拉伸肌肉，缓解肌肉紧张。

“RICE 法则”
教你第一现场处理运动损伤

大家在做运动训练时，一定要注意安全。如果出现损伤，可学习“RICE 法则”，帮助现场处理运动损伤，加快恢复。

Rest 休息

一旦受伤，要立即停止运动，进行休息。这样可以防止伤势加重或出现二次损伤，把出血控制在最小限度内。

Ice 冰敷

对于一些急性创伤，如脚踝扭伤、手腕扭伤或挫伤等，要在第一时间进行冰敷以减缓伤情的发展。冰敷的作用在于缓解疼痛、减轻肿胀、抑制炎症、辅助降温。注意不要让冰块直接和皮肤接触，每敷15～20分钟要休息半小时左右，避免肌体因长时间低温而受损。

Compression 加压包扎

在冰敷的间歇，对伤处进行加压包扎，可以使用海绵橡胶垫子和弹力绷带。加压包扎可减轻患部内出血及瘀血现象，并能促进其吸收。

Elevation 抬高

脚和腿受伤后应适当抬高，如脚踝可以抬高至高于心脏的位置，帮助血液回流至心脏，加速恢复。

如果现场没有专业冰敷设备，用瓶装或软包装的冰镇饮料裹上塑料袋和毛巾，也可做应急使用。

如何预防运动损伤

合理选择运动项目

要根据自身状况和老师的建议选择适合自己的运动项目。

渐进式训练

切忌一开始就过度锻炼或负荷过大。要根据自身的体能和健康状况，逐渐增加运动强度和时间，给身体足够的适应和恢复时间。

遵守考试规则

理解和遵守考试规则不仅可以确保考试公平公正，还可以避免一些危险性比较高的动作或接触，保护大家的安全，减少事故发生。

制订科学的运动计划

运动能力的提高需要一个过程，离不开科学的计划，对于不经常运动的同学来说更是如此。科学运动才能提高身体的机能，增强心肺功能，从而让身体达到一个较高的运动水平。

做好运动前的准备活动

在运动前做充分的热身以及肌肉拉伸，使心率逐渐提高，以适应激烈运动的需要。

穿戴必要的运动护具

在相关部位穿戴护具，如腕关节佩戴腕套，膝关节戴上护膝。

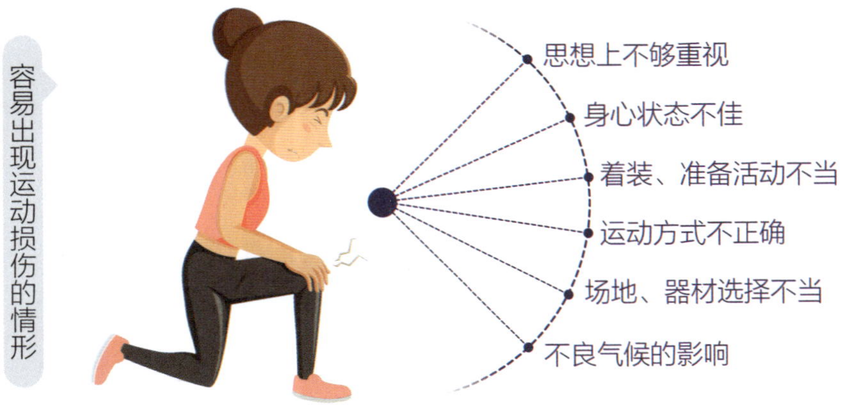

每一次失误都是成长的垫脚石，从失败中汲取经验，勇往直前，不断超越自我！

运动前、中、后，如何安排饮食

运动前

运动前需要补充一些富含蛋白质的低GI（血糖生成指数）食物，有利于在运动中持续释放能量，提高运动耐力，同时还能避免运动后血糖下降过度引起的低血糖、疲劳感与饥饿感。

推荐食物

低 GI 食物 + 蛋白质

糙米饭、全麦面包、鸡蛋、鸡胸肉、牛肉等

不推荐食物

高脂肪、高糖食物

汽水、糖果、炸薯条等

运动中

运动中出汗会消耗盐分和水分，需要及时喝水，但应小口多饮。如果大口猛喝，容易稀释体内的盐分，盐分比重下降会导致机体排尿、排汗增多，出现“越喝越渴”的情况，加重身体的疲劳程度。

推荐食物

蜂蜜水、凉白开

运动后

充分运动后，如果到正餐时间，可以直接吃正常量的一餐。如果这时已经过了前一餐，又没有到下一餐饭点，可以根据运动量来补充营养。高强度运动（呼吸加深加快，心率大幅度增加，语言交流困难，出汗多，身体感觉累）后的30～90分钟，补充蛋白质和碳水化合物，这样有利于身体恢复。剧烈运动后，不可马上喝冷饮，否则易升高血压、诱发心肌梗死等，应休息片刻，待心率相对平稳后再小口慢饮凉白开或淡盐水。

有氧运动推荐食物

低 GI 食物 + 蛋白质

糙米饭、全麦面包、红薯、紫薯等

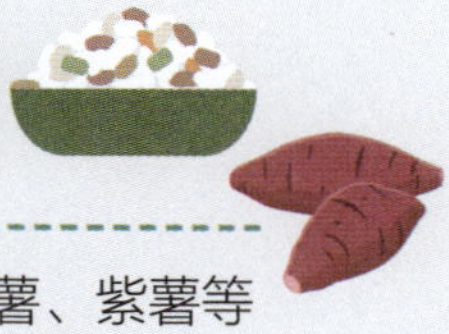

无氧运动推荐食物

高 GI 食物 + 蛋白质

白米饭、白面包、馒头、鸡蛋、鸡胸肉等

四、六、八年级进行过程性考核

四、六、八年级时，很多省市的同学们会参加体质健康测试统测，其成绩将作为过程性考核部分的分数，纳入中考体育总成绩，考生和家长也要重视。考核时间为四、六、八年级第一学期，每次考核分值10分，共30分。体育与健康知识10分，考核时间为八年级第二学期。

四、六、八年级体质健康考核的项目和权重

年级	单项指标	权重（%）
四年级 六年级 八年级	体质指数(BMI)	15
	肺活量	15
四年级	50米跑	20
	坐位体前屈	20
	1分钟跳绳	20
	1分钟仰卧起坐	10
六年级	50米跑	20
	坐位体前屈	10
	1分钟跳绳	10
	1分钟仰卧起坐	20
	50米 ×8往返跑	10
八年级	50米跑	20
	坐位体前屈	10
	立定跳远	10
	引体向上（男）/1分钟仰卧起坐（女）	10
	1000米跑（男）/800米跑（女）	20

体质健康考核			体育与健康知识考核（机考）
四年级	六年级	八年级	八年级
10分	10分	10分	10分

九年级中考体育选择建议，选对项目轻松满分

在中考体育中，除了较为固定的一些项目，还有一些可以自由选择的项目，如游泳、球类、武术、体操等，该如何选择呢？首先要选自己平时成绩中最接近满分的项目；然后再根据自己的身体条件，结合老师、教练等专业人士的意见，选择适合自己并擅长的项目。下面我们以北京市中考体育为例进行说明。

北京市中考体育现场考试项目

类别	项目	考试内容	分值	选考方式
素质项目 1（2 项）	耐力	1000 米跑（男）	8	必考
		800 米跑（女）		
素质项目 2（8 项）	力量等其他身体素质	引体向上（男）	8	选择 1 项
		斜身引体（女）		
		双杠臂屈伸（男）		
		1 分钟仰卧起坐（女）		
		掷实心球		
		1 分钟跳绳		
		原地纵跳摸高		
		立定跳远		
运动能力 1（5 项）	球类	足球：运球、射门	8	选择 1 项
		篮球：运球、投篮		
		排球：垫球、发球		
		乒乓球：左推右攻、发球		
		羽毛球：正反手挑球、发高远球		
运动能力 2（7 项）	体操 1	双杠组合（男）	6	选择 1 项
		双杠组合（女）		
	体操 2	技巧组合（男）		
		技巧组合（女）		
	武术 1	健身长拳		
	武术 2	健身南拳		
	游泳	100 米游泳		

素质项目 1

中长跑是必考项，对大家的耐力、姿势等都有要求，训练时着重提升人体的心肺功能。这类项目想要提分就必须勤练，掌握正确的技巧。

素质项目 2

素质项目 2 共 8 个项目，男生和女生各 6 项，大家可以自主选择其中 1 项参加考试。这类项目主要是通过远度、高度等来检测大家的力量、弹跳力等身体素质。

在项目选择上，要选择自己的优势项目，并尽可能地取得满分。要是日常练习中几个项目都达不到满分，也可以结合自身的身高、体重等特点来选择项目。如体重大、个子高的同学，可以选择掷实心球，这样更容易取得好成绩。

运动能力 1

运动能力 1 共 5 个项目，主要是球类技能的考试，如足球、篮球、排球等，大家可以自主选择 1 项参加考试。

在项目选择上，既要考虑兴趣，也要考虑训练难度。如果大家没有任何球类基础，可以考虑排球，因为相比篮球和足球，排球的技术相对容易一些，在短时间内更容易掌握。

运动能力 2

运动能力 2 分为体操、武术和游泳 3 个大项目，在这基础上又分了 7 个小项目。男女各 5 项，大家选一项考试就可以。

女生的技巧组合动作相对容易些，不仅动作简单，还便于课内外自主练习，建议选择。武术建议男生选择健身长拳，相对比较容易。

考试前 3 天和当天应注意哪些考试技巧

考试前 3 天

1. 适当进行模拟测试，严格按考试要求和规则进行，查漏补缺。
2. 养成一日三餐正常饮食习惯，不添加陌生食物，以防肠胃不适，影响状态。
3. 运动量适当，减少剧烈运动，防止受伤或影响考试当天体能。

中考体育不仅是对身体素质的检验，也是对意志品质的考验！

考试当天

1. 在脑海中演练考试过程，回顾动作要领，增强自信心。
2. 正常饮食，不食用陌生或刺激性食物，以防肠胃不适，影响考试。
3. 穿着校服去学校，里面穿短裤、T 恤，短裤要露出膝盖，尽量短而贴身，别松松垮垮，风阻大。
4. 检查学籍卡等必带物品，防止遗漏。建议带湿纸巾、干纸巾。按照统一要求，适当准备食物和水，考前少量饮水。
5. 如果紧张，可以通过呼吸和转移注意力进行调节，快速调整到最佳状态。
6. 给自己积极的心理暗示，如默念“我最棒”，多给自己打气。

考试前 3 天和当天应怎么饮食

考试前 3 天

1. 尽量选择平时吃的食物。如果突然吃了一些特别补的、平时都没吃过的东西，如昂贵的滋补品等，反而对肠胃是一种刺激，可能会影响考试。
2. 考前饮食的卫生不容忽视，特别是临近考试的前 3 天，保证食物的新鲜、卫生，不要吃凉拌菜或有刺激性的食物，以免出现腹泻、呕吐等不适而影响学习、训练和考试发挥。
3. 加强碳水化合物储备，适当多吃米、面；不吃生冷、油腻、辛辣食物。
4. 吃清淡简单的食物，基本原则是营养丰富、搭配合理，适量摄入含碳水化合物、蛋白质、膳食纤维较多的食物。

考试当天

1. 考试当天尽量在考前一个半小时吃饭。
2. 考试前不大量喝水，少量饮水润润喉即可。
3. 饭后半小时内杜绝训练，考试前不宜吃得过饱。
4. 如果要带零食，最好不要选坚果类，建议带点香蕉、饼干等。
5. 考试前不要大量饮用咖啡、浓茶，避免食用甜食及奶油过多的食物，以免影响考试。

上午考试：早餐要注意简单而营养丰富，切忌空腹、过饱。因为从吃完早饭到考试结束，通常需要 3 小时以上的时间，如果早餐吃不好，就难以保证血糖稳定，进而影响考试成绩。早餐中可加入燕麦等粗粮，在稳定血糖的同时，还能提供 B 族维生素，利于能量代谢，保持好状态。此外，可以带点小面包等食物，适当补充能量。

下午考试：午餐应该简单一点，不要占用太多时间，尽量保证午休时间。

现场考试达满分秘籍：熟流程 + 记要点 + 避犯规

熟流程

大家提前熟悉全部流程，通过相应的训练和模拟，适应考程安排，稳住心态，沉着冷静，发挥出应有的水平。

记要点

考前要点

穿戴：服装、鞋要合适，不穿新鞋，运动裤要贴身、柔软。

饮食：规律饮食，不食用陌生、辛辣刺激性食物。

考生信息：检查自己的备考物品，如学籍卡等，防止意外发生。

交通安排：提前熟悉考场路线，安排好时间。

天气状况：提前了解天气状况，准备好衣物等物品。

考试前准备：检查衣物，做好换衣、上厕所、喝水等准备，不要仓促考试。

现场考试：了解现场考试次数和要求，遇到犯规等情况时心里不要慌，冷静处理。

意外应对：如果遇到迟到、生病等意外状况时，要及时联系老师寻求帮助。

Tips

考试前如何快速进行自我心理调节

- ☑ 深呼吸
- ☑ 积极地自我暗示
- ☑ 思维转移
- ☑ 做好充分准备
- ☑ 微笑面对
- ☑ 接受现实，调整心态

考中要点

考试开始、结束信号：考试信号通常为电子口令，大家要注意力集中，关注信号，及时开始考试。

设备故障：考试中出现成绩漏录或设备问题，不要紧张，及时寻找考务老师进行解决。

项目动作要点：考试时要牢记动作要点，防止动作失误或犯规。

身体受伤或不适：考试中出现受伤或身体不适，要根据现场情况联系考务老师、医生等，再决定是继续考试还是参加缓考，如缓考仍未能参加，则按照相关考试规定执行。

有问题在学校询问：有问题一定提前在学校询问清楚，一旦进入考场，将按照相关考试规定执行。

避犯规

考试时要避免犯规，因为犯规会直接影响考试成绩，影响考生心理和后面考试的正常发挥。考前一定要复盘考试规则，并强化规则进行有针对性的练习，避免在考试中犯规，下面以篮球为例简要说明。

篮球犯规

- ☒ 未从指定区域出发
- ☒ 出发时抢跑
- ☒ 运球过程中双手同时触球
- ☒ 运球高度超过肩部
- ☒ 膝盖以下身体部位触球
- ☒ 考试期间，人或球出测试区域
- ☒ 过终点时人球分离
- ☒ “翻腕”等违规行为

体育考试中，心态非常重要，要保持冷静、自信，相信自己能够发挥出最好的水平。

第二章

耐力项目怎么提分

1000 米跑（男）/800 米跑（女）

动作分解易记忆

跑前热身，预防损伤

跑步前，先进行5～10分钟的适当热身，大腿前侧、后侧肌群的动力性拉伸，膝、踝关节充分活动，如腿前后摆动、腿左右摆动、高抬腿、提踵、跳跃、半蹲、箭步蹲等，降低受伤的风险。

良好的跑步姿势 = 好成绩

1. **头部**：抬头挺胸，目视前方。
2. **双手**：保持放松，自然半握。
3. **手臂**：前脚的异侧臂自然弯曲在体前，同侧臂在体侧自然后伸。
4. **步幅**：每一步落在身体正下方。
5. **脚部**：跑速较快时，使用前脚掌落地；跑速较慢时，使用全脚掌落地蹬地，避免脚后跟着地。跑步时，想象地面有会烧伤的岩浆或是会滑倒的冰面，能跑得更轻快。

扫码看视频

注：1000 米跑（男）/800 米跑（女）为八年级过程性考核的加分项目。该项目加分，需要学生成绩低于单项得分 100 分的分秒数，以减少的秒数所对应的分数进行加分，最高加 10 分。

起跑时，尽可能跟住速度稍快的人

听到“各就位”时，双脚前后开立，双脚左右间隔约半脚，体重大部分落在前脚上，眼睛看向前方3～5米处，保持稳定，听到枪声，双腿用力蹬地，双臂配合双腿做快而有力地摆动，使身体快速向前冲出。中考会按照各组学生序号进行排道，不会让学生自主选择位置。起跑时平稳加速，缓慢切入内道，避免与其他同学发生肢体接触。跑出自己的节奏，切勿起跑太快，导致后程体力不支。眼睛注视着一个速度稍快的“目标同学”，尽可能地紧跟他。

途中跑，按自己的节奏匀速跑

途中跑时，上身稍前倾，头部自然，眼睛平视。配合摆臂、步频调整呼吸节奏，一般两三步一呼，两三步一吸，做到呼吸平稳通畅。跑动时核心稳定、步伐均匀、前后摆臂，尽量全脚掌落地，动作轻快、放松、自然。

冲刺跑，加速摆臂、提高步频

冲刺跑是最后一段，冲刺距离的长短视个人的体能情况而定。保持上身前倾，尽力加强腿的后蹬力量，加快手臂的摆动速度，冲刺过终点，再逐渐减速慢跑。注意跑步结束后，不要立刻坐下或躺下休息，应放松慢走，直至心率平缓，呼吸平稳。

跑后拉伸，减轻肌肉僵硬

跑步后肌肉恢复也很重要，没有相应的恢复训练会导致肌肉酸痛、小腿变粗等，也会影响跑步效果。拉伸不仅简单便捷，而且能增加肌肉弹性，促进肌肉恢复。

Tips

跑步过程如何补水

日常练习时，跑前半小时可少量饮水，也可以饮用葡萄糖水和功能性饮料，以口腔不黏为准。非专业运动员或长期训练的人员，尽量避免跑步过程中及跑完立刻喝水。中考的1000米跑（男）/800米跑（女）这种距离的测试，由于持续时间不是很长，中途饮水会打乱跑步节奏，降低速度，不利于好成绩的创造，建议跑完呼吸平稳后再小口多次饮水。

日常锻炼有计划

类别	锻炼动作	训练组数	训练间歇	训练频率
热身	提踵（参见第 67 页）	30 次 ×3 组	1 分钟	—
	体前屈 / 侧压腿（参见第 54 页）	20 次 ×2 组	10 秒	—
专项训练	台阶交换跳	50 次 ×3 组	5 分钟	一周 3 次
	引体向上（参见第 91 页）	10 个 ×2 组	3 分钟	一周 3 次
	箭步蹲	10 次 ×3 组	1 分钟	一周 2 次
	慢动作登山	8 次 ×2 组	1 分钟	一周 2 次
	箭步蹲跳 / 深蹲跳 / 波比跳（参见第 161 页）	15 个 ×2 组	30 秒	一周 2 次
实战测试	1000 米跑（男）/800 米跑（女）	2 组	20 分钟	一周 1 次
放松恢复	双手向上伸展 / 双手向身体侧面拉伸 / 颈部前屈后仰，左右拉伸 / 斜上方伸展双臂 / 体前屈 / 侧压腿（参见第 53 页、54 页）	20 秒 ×2 组	10 秒	—

注：1. 根据个人情况选择性地安排训练及休息日，逐步提升体能，增强疲劳恢复与力量再生能力。
2. 表格里不带页码的动作是在本小节出现，带页码的出现在其他小节，标注页码，方便翻阅。
3. 大家可以根据自己的身体状况在每个类别中选择1～2个自由搭配练习。示例：体前屈+侧压腿+台阶交换跳+波比跳+1000 米跑（男）/800 米跑（女）+双手向上伸展+侧压腿。后面项目一样，不一一标注。
4. “热身”和“放松恢复”的训练频率跟着每周所选运动的频率即可。

趣味小百科

你有没有注意过“走”和“跑”的区别

同学们都知道，走和跑是人体基本运动能力，但大家可能没有注意到它们的区别。正常的走，双脚是不会同时离开地面的，而跑的动作则双脚必须离开地面，并且有腾空动作。跑起来感受一下吧！

Tips

跑步时，起跑后前段可采用鼻吸嘴呼的方式，后面如果供氧不足，可用嘴、鼻同时吸气、呼气，一般是两三步一吸、两三步一呼。如果感到嗓子疼，可用舌头抵住上腭，湿润空气，减少气流对嗓子的冲击。

高分秘籍动作库

适合学生的上下肢力量和核心力量练习

1 台阶交换跳

动作要点

- 选择普通楼梯台阶，一脚在台阶上，一脚在台阶下。
- 双脚跳起同时双臂上摆。
- 跳起时交换双脚位置，连续进行。

目标

增强腿部力量

提高耐久跑能力

强度

50 次为 1 组

做 3 组

每组间歇 5 分钟

2 箭步蹲

动作要点

- 身体直立，双脚并拢。
- 双脚交替做跨步箭步蹲动作，膝盖与脚尖同方向，前面的膝盖不要超过脚尖。
- 每一个箭步蹲的动作要完整。

目标

激活臀部、腿部肌肉，提升身体协调性

强度

10 次为 1 组

做 3 组

每组间歇 1 分钟

3 慢动作登山

动作要点

- 直臂平板，慢慢弯曲左膝，尽量抬至胸前。
- 还原至初始姿势，换右膝，重复。还可以改为快速登山练习，有利于最后的冲刺。

目标

提升上肢、腿部以及核心力量

强度

8 次为 1 组

做 2 组

每组间歇 1 分钟

每周一次爆发力练习

扫码看视频

1 箭步蹲跳

动作要点

- 右腿在前、左腿在后做箭步蹲，左臂前摆，右臂后摆，让左膝几乎接近地面。
- 奋力跳起，跳至最高处双腿前后交换，落地下蹲，换另一侧重复，此为完整的 1 个动作。

目标	
增强腿部力量	
提升身体协调性	
强度	
15 个为 1 组	
做 2 组	
每组间歇 30 秒	

2 深蹲跳

动作要点

- 双腿分开，自然站立，下蹲，最好至大腿与地面平行或臀部稍低于大腿。
- 迅速站立纵跳起，双脚轻巧落地，此为 1 个完整动作。

目标	
增强下肢力量	
提高踝关节力量	
强度	
15 个为 1 组	
做 2 组	
每组间歇 30 秒	

满分突破有妙招

七个细节突破满分

1. 发令枪响时冲出去，然后逐渐匀速跑，注意摆臂幅度不宜过大。

2. 起跑后根据自身情况尽量跑到靠前位置，占据有利位置，以免被夹到人群中，打乱自己的跑步节奏。

3. 找一位比自己稍微快一点的同学作为“目标”，跟随跑，可减小空气阻力、减轻跑步压力。

4. 途中跑时，注意在保持速度和安全的情况下抢占内道，尽可能地缩短奔跑距离。

5. 中途超人时从外侧切入，可防止自己越线犯规，防止相互影响而摔倒。

6. 最后 200 米，加大摆臂幅度，提高步频、增加步幅，全力冲刺。

7. 跑步时自然放松，不要耸肩。

容易出现的失误、错误和调整建议

1 没有合理分配体力

影响：影响速度和成绩。

调整建议：

① 以半程（500/400 米）为分界，控制好半程之前的速度，确保后面能保持较好的速度及耐力。

② 尽量减少前半程与后半程所用的时间差，时间差最好控制在3～5秒。因为从1000米跑（男）/800米跑（女）的跑程分析，“极点”通常出现在400～600米，这段时间需要调整跑速。

2 跑进中，踏进跑道左侧跑道线

影响：犯规，影响成绩。

调整建议：不要想着走捷径、抄近路跑，容易犯规，影响考试成绩和心态。

3 不能正确应对“极点”

影响：出现呼吸困难、头晕、心跳加速等，影响成绩，增加紧张情绪。

调整建议：

① 出现“极点”时，可加强呼吸深度，适当放慢跑速，减轻身体的负担。经过调整后，速度又会回到正常，甚至获得更快速度进行最后的冲刺。

② 给自己提供积极的心理暗示。告诉自己“不要怕，坚持一会儿就过去了。”突破“极点”后，会发现越跑越轻松。

③ 转移自己的注意力，紧跟前面的同学，弱化不愿意继续跑的悲观情绪。

4 跑步时感到很痛苦

影响：心态消耗。

调整建议：

① 保持乐观积极的心态，告诉自己“跑步没什么可怕的”“这只不过是在锻炼身体”，会让跑步更轻松。

② 考前要进行科学规划，开展具有进阶性的锻炼内容，能让跑步更轻松。

5 相互拥挤摔倒

影响：打乱跑步节奏，影响成绩。

调整建议：起跑时不要拥挤，巧妙利用空当加速跑进内道，不要和其他同学发生身体接触，以免失去重心摔倒。

超实用满分备考策略

1. 考前2～3天不应进行强度大的运动训练，以免身体过度疲劳，影响考试成绩。
2. 上考场前30分钟，应进行必要且充分的热身。5～7分钟上肢、腰部、腿部等拉伸韧带的动作；3～4次30米加速跑。
3. 建议上跑道前检查鞋带、裤带等。可用手拍击大腿几次，原地纵跳几次，使自己兴奋地进入考试状态。
4. 调整心情，缓解紧张情绪，可通过自我暗示或向外大喊等方式，让自己放松下来。

考试模拟练习

1000 米跑（男）/ 800 米跑（女）测试

练习目标
提高跑步成绩
增加自信心

考试现场回放

考生用站立式起跑，由弧形起跑线出发，考生听到“各就位”时摆好跑姿，不得越过起跑线，集中注意力听枪声或电子口令。起跑后不分跑道，跑程中不得踏进跑道最左侧跑道线，不得推、拉、阻挡他人跑步，同时，遵循右侧超越的田径规则。

发令员发令后，两名计时员分别单独计时，考生跑完全程时，计时员停表，记录考生的实际成绩。考生在考试过程中有犯规现象，则考试成绩无效，考生该项考试无成绩。

1000 米跑（男）/800 米跑（女）评分表

等级	单项得分	八年级	
		男	女
优秀	100	3'50"	3'30"
	95	3'55"	3'37"
	90	4'00"	3'44"
良好	85	4'07"	3'52"
	80	4'15"	4'00"
及格	78	4'20"	4'05"
	76	4'25"	4'10"
	74	4'30"	4'15"
	72	4'35"	4'20"
	70	4'40"	4'25"
	68	4'45"	4'30"
	66	4'50"	4'35"
	64	4'55"	4'40"
	62	5'00"	4'45"
	60	5'05"	4'50"

（单位：分·秒）

注：数据参考《国家学生体质健康标准（2014 年修订）》。北京市目前按照“达到良好即满分”的原则进行测评。

分值	九年级	
	男	女
8	4'05"	3'55"
7.5	4'11"	4'01"
7	4'18"	4'08"
6.5	4'26"	4'16"
6	4'35"	4'25"
5.5	4'45"	4'35"
5	4'55"	4'45"
4.5	5'01"	4'49"
4	5'07"	4'53"
3.5	5'13"	4'57"
3	5'20"	5'02"
2.5	5'27"	5'07"
2	5'34"	5'12"
1.5	5'42"	5'19"
1	5'50"	5'26"
0.5	5'59"	5'35"
0	6'00"	5'36"

（单位：分·秒）

注：数据参考《北京市义务教育体育与健康考核评价现场考试项目评分标准（试行）》。

50 米 x 8 往返跑

扫码看视频

动作分解易记忆

起跑：集中精力加速

听到“各就位”时，双脚前后开立，前脚的异侧臂在前。身体重心落在前脚上，保持稳定，眼睛看向前方3～5米处，听到枪声，双脚用力蹬地，双臂配合双腿做快而有力地摆动，使身体快速向前冲出。加强腿的后蹬和摆动力量，使步幅逐渐加大，步频逐渐增高，集中精力向前冲，在短时间内获得较快的跑速。

途中跑：适应变速跑节奏

途中跑时，保持上半身稍前倾。头部正直，眼平视，腿部后蹬充分、快速、有力、方向正。双臂稍微离开躯干，肘关节自然弯曲，以肩为轴前后自然摆动，继续发挥和保持高速度跑。

往返绕杆：随速缓冲、顺畅绕杆

往返绕杆的要求是逆时针方向绕过标杆，在离折返点4～5米处身体逐渐后仰、减小步幅进行减速。绕杆时应侧身探肩，外侧脚以前脚掌内侧蹬地，内侧脚以大腿带动小腿做弧线绕杆，身体向内转弯，内侧臂摆动要小，外侧摆臂可以加大。绕杆后，快速摆臂带动下肢进入途中跑速度。

冲刺跑：加速摆臂，调节步频

冲刺跑是全程跑的最后一段，距离的长短应根据个人的体力情况而定。冲刺跑时尽量加强腿的后蹬力量，保持上身前倾，加快双臂摆动速度，快要跑到终点时，上半身前倾，躯干部位前压冲过终点线，保持身体平衡。冲过终点线后，逐步抬起身体，降低速度变为慢跑到停止。

日常锻炼有计划

类别	锻炼动作	训练组数	训练间歇	训练频率
热身	提踵（参见第 67 页）	30 次 ×3 组	1 分钟	—
	体前屈 / 侧压腿（参见第 54 页）	20 次 ×2 组	10 秒	—
专项训练	前后跑交叉跳	2 次 ×3 组	2 分钟	一周 3 次
	一字横向移动	3 次 ×3 组	1 分钟	一周 3 次
	Z 字标志物折返跑	3 次 ×3 组	2 分钟	一周 3 次
实战测试	50 米 x8 往返跑	2 组	20 分钟	一周 1 次
放松恢复	双手向上伸展 / 双手向身体侧面拉伸 / 颈部前屈后仰，左右拉伸 / 斜上方伸展双臂 / 体前屈 / 侧压腿（参见第 53 页、54 页）	20 秒 ×2 组	10 秒	—

高分秘籍动作库

1 一字横向移动

动作要点

- 练习者站在一侧标志物边，左右侧向滑步到另一侧标志物前。
- 逆时针绕过标志物，再向反方向滑步。

目标
提高灵敏性
强度
3 次为 1 组
做 3 组
每组间歇 1 分钟

2 Z字标志物折返跑

动作要点

- 将4个标志物摆成Z字形状。
- 从第1个标志物开始按Z字形跑到最后1个标志物。再从最后1个标志物按Z字形跑动返回。

目标
提高灵敏性和耐力
强度
3次为1组
做3组
每组间歇2分钟

满分突破有妙招

前后跑交叉跳

动作要点

- 间隔一段距离，摆放两个标志物，从第一个标志物跑到中点。
- 做4个交叉跳：双脚开立与肩同宽，腰背挺直，躯干略微前倾，双手叉腰，前脚掌蹬地发力，跳起后双腿左右交叉落地，再迅速跳起，这次双脚分开落地，算1个交叉跳，做4个。
- 然后迅速跑动到第二个标志物。
- 后退步返回，算1次。

目标
提高灵敏性
强度
2次为1组
做3组
每组间歇2分钟

容易出现的失误、错误和调整建议

1 踩、跨起跑线，抢跑，折返时碰杆或手扶杆	**影响：**犯规，影响成绩。 **调整建议：** ① 在考前做好充分的心理准备工作，集中注意力听口令，注意不要踩、跨起跑线及抢跑。 ② 遵守考试规则，多做考前练习，避免碰杆或触杆。
2 测试中数错圈数	**影响：**分心走神，影响成绩。 **调整建议：**注意认真对待考试，考试时保持平稳的心态并集中注意力。
3 盲目加速	**影响：**体能消耗过大，后期容易跑不动，影响成绩。 **调整建议：**合理估量自己的体能，选择恰当的加速时机。
4 摆臂姿势不对	**影响：**技术错误，影响跑速。 **调整建议：**出现左右摆臂姿势，应调整为大臂与小臂（前臂）弯曲约 90 度角的前后摆臂姿势。
5 折返技术问题	**影响：**延误速度，影响成绩。 **调整建议：**绕杆时应侧身探肩，外侧脚以前脚掌内侧蹬地，内侧脚以大腿带动小腿做弧线绕杆，身体向内转弯，内侧臂摆动要小，外侧摆臂可以加大（折返技术问题，如折返绕大圈延误速度，出现跨跳、折跳、捣碎步等转弯姿势，延长了过杆时间）。

考试模拟练习

50 米 x8 往返跑测试

练习目标

提高 50 米 x 8 往返跑成绩

增强自信心

考试现场回放

多位考生同时进行测试，当考生听到“跑”的口令后开始起跑，往返 7 次，往返时沿逆时针方向绕过标杆，不得碰扶标杆和串道。考试成绩以电子设备测试成绩为准，或开表计时记录成绩，即教师发出“跑”的口令时，裁判员开表计时，并向所测考生报告往返圈数，跑后注意不要立即坐卧休息，应继续慢走。以分、秒为单位记录考试成绩，不足 1 秒不计入成绩。

超实用满分备考策略

1. 平时积极参加训练，考前2～3天不要进行高强度运动训练，否则会因身体疲劳而影响考试成绩。
2. 上考场前30分钟，在老师的带领下做足准备活动。6～8分钟的慢跑，“预热”和舒展全身肌肉；5～7分钟的拉伸，使关节、韧带得到最大的伸展，让身体进入考试状态。
3. 上跑道前检查鞋带、腰带。用手拍击大腿几次，原地高抬腿跑几次，使自己进入精神集中、兴奋的考试状态。

50 米 x 8 往返跑评分表

等级	单项得分	六年级	
		男	女
优秀	100	1'30"	1'37"
	95	1'33"	1'40"
	90	1'36"	1'43"
良好	85	1'39"	1'46"
	80	1'42"	1'49"
及格	78	1'45"	1'52"
	76	1'48"	1'55"
	74	1'51"	1'58"
	72	1'54"	2'01"
	70	1'57"	2'04"
	68	2'00"	2'07"
	66	2'03"	2'10"
	64	2'06"	2'13"
	62	2'09"	2'16"
	60	2'12"	2'19"

（单位：分·秒）

注：数据参考《国家学生体质健康标准（2014 年修订）》。北京市目前按照“达到良好即满分”的原则进行测评。

100 米游泳

动作分解易记忆

手扶池壁出发，不限泳姿

从水中出发，一手抓握池边，一手在水面上前伸；一只脚站在池底，一只脚蹬在池壁上，身体向前倾。泳姿不限，自由泳、仰泳、蛙泳、蝶泳都行，每个划水周期内，身体任何部位必须露出水面 1 次。

转身时需触及池壁

游近池壁，转身时，双手触壁、推墙、蜷腿，前脚掌踩稳池壁，脚后跟悬空再蹬出。考试时注意不要着急，以免蹬滑、蹬空，影响成绩。

日常锻炼有计划

类别	锻炼动作	训练组数	训练间歇	训练频率
热身	双手向上伸展 / 双手向身体侧面拉伸 / 颈部前屈后仰，左右拉伸	20 次 ×2 组	10 秒	—
专项训练	俯卧撑	15 次 ×3 组	30 秒	一周 3 次
	俯卧两头起	15 次 ×3 组	30 秒	一周 3 次
	慢动作登山（参见第 41 页）	8 次 ×2 组	1 分钟	一周 3 次
实战测试	100 米游泳	2 组	2 分钟	一周 3 次
放松恢复	斜上方伸展双臂 / 体前屈 / 侧压腿	20 秒 ×2 组	10 秒	—

高分秘籍动作库

下水前，先练腰腹力量

1 俯卧撑

动作要点

- 双手手掌与双脚前脚掌着地，双臂直臂支撑，面部朝下，收紧腰腹，挺直背部。
- 手臂弯曲，屈臂降低身体，最低点稍停，推回起始位置。

目标

增强上肢、腰腹及胸部肌肉力量

强度

15 次为 1 组

做 3 组

每组间歇 30 秒

2 俯卧两头起

扫码看视频

动作要点

- 俯卧，吸气，手臂前伸，双腿伸直，然后抬头、腰背发力、双腿配合抬头的动作向上抬起（可在最高点保持静止状态1～2秒）。
- 呼气，慢慢下落放松，恢复俯卧姿势。

目标

增强腰背部肌肉力量，锻炼臀大肌、大小腿后侧肌群力量

强度

15 次为 1 组

做 3 组

每组间歇 30 秒

游泳前后的热身和拉伸

下水前做充分热身，可有效防止腿部抽筋，避免出现运动损伤，有利于运动水平的发挥。游泳后充分拉伸全身肌肉，能帮助缓解肌肉紧张和疲劳。下面这些动作既可以作为运动前的热身，也可以作为运动后的拉伸。

热身和拉伸一般可以从身体姿态上做区分。动态的是热身，以次为单位，做的时候让身体动起来，可帮助激活肌肉，使身体更快地进入到运动状态；静态的是拉伸，以秒为单位，可帮助放松肌肉筋膜，预防肌肉损伤、提高血液循环。此套动作可以动态和静态两种形式进行运动前热身和运动后拉伸的练习。动态热身的强度为 20 次 ×2 组；静态拉伸的强度为 20 秒 ×2 组。

1 双手向上伸展

动态热身目标
激活肩部肌肉
强度
20 次 ×2 组

静态拉伸目标
放松肩部、手臂肌肉
强度
20 秒 ×2 组

2 双手向身体侧面拉伸

动态热身目标
激活肩部、腹部肌肉
强度
20 次 ×2 组

静态拉伸目标
放松两侧侧腹部肌肉
强度
20 秒 ×2 组

3 颈部前屈后仰，左右拉伸

动态热身目标
激活颈部肌肉，减少受伤
强度
20 次 ×2 组

静态拉伸目标
拉伸颈部肌肉，缓解肌肉紧张
强度
20 秒 ×2 组

4 斜上方伸展双臂

动态热身目标
激活肩部、手臂肌肉
强度
20 次 ×2 组

静态拉伸目标
拉伸双臂，缓解肌肉紧张
强度
20 秒 ×2 组

5 体前屈

动态热身目标
激活臀腿及腰腹肌肉，增强肌肉力量
强度
20 次 ×2 组

静态拉伸目标
放松腰背及腿部肌肉
强度
20 秒 ×2 组

6 侧压腿

动态热身目标
激活腿部肌肉，增强下肢力量
强度
20 次 ×2 组

静态拉伸目标
拉伸大腿内侧肌肉，放松恢复
强度
20 秒 ×2 组

满分突破有妙招

摆臂是个技术活

游泳动用的核心关节是肩关节，因此肩部的练习十分重要。通过做下面 4 个旋转伸展肩部的动作，每个做 30 秒，可灵活肩部，提高摆臂技术。

单臂向前旋转肩部

单臂向后旋转肩部

双臂前后交替摆

手臂侧平举

容易出现的失误、错误和调整建议

1 泳镜进水或脱落

影响： 打乱节奏，造成紧张，影响成绩。

调整建议： 请不要停止考试，沉着冷静，努力完成考试。

2 转身时手碰分道线或脚踩池底

影响： 犯规，影响成绩。

调整建议： 转身时，身体任何部位可在水上或水下触碰池壁，但不要碰分道线，转身后用脚蹬离池壁（不要踩池底），连续游进。整个动作要连贯流畅，不能停顿。大家应在平时有序练习，以便从容应对考试。

3 呛水

影响： 打乱呼吸和考试节奏，影响成绩。

调整建议：

① 呛水时不要慌张，否则身体会失去平衡，导致危险发生。

② 呛水时保持头部在水面，双手仍然不停地划水，待咳嗽停止，继续前进。若中途脚碰到了池底，还有能力继续游的，不要停下来，立马弹起来继续游，裁判看到也不会判犯规，除非长时间停住。

4 换气抬头过高

影响： 破坏身体在水中的平衡，打乱考试节奏，影响游速和成绩。

调整建议： 可以通过在水中站立或者行走进行抬头呼吸练习。自由泳重点体会转头时的呼吸要领，蛙泳则注意让腰背部和水面的角度不要过大，一般头部和身体抬头换气时与水平面成45～60度角最佳。

水中出现抽筋要先保持冷静，当小腿和大腿后侧出现抽筋时，深吸一口气，用手指勾住脚趾，用力往自身方向拉，使抽筋腿伸直。若出现大腿前侧抽筋，则同样深吸一口气，一只手握住抽筋一侧的脚踝，让小腿往臀部方向弯曲，使脚掌尽量贴紧臀部。若出现手抽筋，迅速握拳头，再用力伸直，反复此动作。

考试模拟练习

100 米游泳测试	练习目标：熟悉环境，提高 100 米游泳的成绩，增强考试自信心

考试现场回放

考生穿着合体的泳衣、泳裤，以不透明、深色为宜，可配戴泳镜、泳帽。考生入池后，一手抓握池边，一手在水面上前伸；一只脚站在池底，一只脚蹬在池壁上。当“开始”信号响起后出发，在 25 米或 50 米处转身时，考生可以使用身体任何部位触及池壁转身，用脚蹬池壁，继续向前游。到达终点时，以用身体任何部位触及池壁计取成绩为准。考生在考试过程中不得使用或穿戴任何有利于提高速度和浮力的器具，并不得在途中停顿，不得脚踩池底或手扶池壁、泳道线等，否则视为犯规，成绩无效。

100 米游泳评分表

分值	九年级	
	男	女
6	2'25"	2'40"
5.5	2'35"	2'48"
5	2'45"	2'56"
4.5	2'55"	3'04"
4	3'05"	3'12"
3.5	3'15"	3'20"
3	3'30"	3'30"
2.5	3'40"	3'40"
2	3'50"	3'50"
1.5	4'00"	4'00"
1	4'10"	4'10"
0.5	4'20"	4'20"
0	4'21"	4'21"

（单位：分・秒）

注：数据参考《北京市义务教育体育与健康考核评价现场考试项目评分标准（试行）》。

超实用满分备考策略

1. 考前2～3天不应加强锻炼，应以最佳的状态参加考试。
2. 考前 30 分钟，在老师的带领下要做好充分的准备活动，避免考试过程中小腿抽筋。
3. 进入游泳考试现场后，检查泳衣、泳镜的牢固程度，用泳池的水淋湿自己，提前适应水温，并激活身体，使自己提前进入考试状态。
4. 中考允许使用不同泳姿游完全程，建议同学们在体能不够的情况下采用相对轻松的泳姿，如自由泳、蛙泳相结合。

第四章

速度、力量、柔韧类项目怎么提分

塑造健康体魄，
满分水到渠成

50 米跑

扫码看视频

动作分解易记忆

起跑：反应快、加速快

站立式起跑，听到“各就位”后，双脚前后自然开立，重心大部分落在前脚上，调整呼吸。听到“跑”或枪声时，双脚用力向后蹬地，后腿迅速前摆，臀部配合双腿做快而有力地摆动，迅速向前冲出。

途中跑：保持高速度

途中跑约 25 米，跑时眼看前方，前脚掌先着地后屈膝缓冲，然后迅速用力后蹬，后蹬腿要充分、快速、有力；双臂屈肘，以肩为轴，前后自然摆动，上下肢协调配合。

冲刺跑：高速度跑过终点

冲刺跑是全程跑的最后一段。保持高速跑过终点，在接近终点线时，身体逐渐前倾，躯干部分前压，快速冲过终点。

日常锻炼有计划

类别	锻炼动作	训练组数	训练间歇	训练频率
热身	提踵（参见第 67 页）	30 次 ×3 组	1 分钟	—
	体前屈 / 侧压腿（参见第 54 页）	20 次 ×2 组	10 秒	—
专项训练	原地纵跳摸高	8 次 ×2 组	2 分钟	一周 3 次
	团身跳	10 个 ×8 组	1 分钟	一周 3 次
	台阶交换跳（参见第 41 页）	50 次 ×3 组	5 分钟	一周 3 次
	20 米小步跑 /20 米后蹬跑	20 米 ×3 组	中间不休息	一周 3 次
	上坡冲刺跑	2 次 ×2 组	2 分钟	一周 1 次
	20 米高抬腿跑	20 米 ×3 组	中间不休息	一周 3 次
实战测试	50 米跑	2 组	10 分钟	一周 3 次
放松恢复	双手向上伸展 / 体前屈 / 侧压腿（参见第 53 页、54 页）	20 秒 ×2 组	10 秒	—

高分秘籍动作库

没有爆发力就没有速度

1 原地纵跳摸高

动作要点

- 双脚左右开立，与肩同宽。
- 双脚快速用力蹬地，向上方跳起腾空，并充分展体。同时一只胳膊直臂上举，大臂贴住耳部，手掌和手指伸直，用最长手指触摸最高处。

目标

提升爆发力

强度

8 次为 1 组

做 2 组

每组间歇 2 分钟

2 团身跳

动作要点

- 自然站立，下蹲。
- 双腿同时跳起，大腿与小腿尽量成 90 度角，轻柔落地。

目标

锻炼下肢肌肉群

提升身体爆发力

强度

10 个为 1 组

做 8 组

每组间歇 1 分钟

提高速度的针对性练习

扫码看视频
（20米小步跑）

1 20 米小步跑

动作要点

取 20 米的跑道，小步跑 20 米后返回。摆臂速度及前脚掌离地速度要快。

目标

体验前脚掌扒地动作

增强上下肢协调能力

提高速度

强度

20 米为 1 组

做 3 组

中间不休息

2 20 米后蹬跑

扫码看视频
（20米后蹬跑）

动作要点

取 20 米的跑道或安全平整的小路，后蹬跑 20 米后返回。后蹬时髋、膝、踝三关节蹬直，同时摆臂要有力。

目标

增强腿部蹬地能力

提高腿部动作速度

强度

20 米为 1 组

做 3 组

中间不休息

满分突破有妙招

提速、提高步幅的 2 大妙招

1 上坡冲刺跑

动作要点

根据个人能力选择一条30～50米的轻度坡道，进行上坡冲刺跑练习。

目标

突破瓶颈，挑战肌肉疲劳状态，提高跑速

强度

2 次为 1 组

做 2 组

每组间歇 2 分钟

2 20 米高抬腿跑

动作要点

取 20 米长的跑道，前脚掌用力蹬地，上下肢协调配合，大腿尽量高抬，跑 20 米后返回。

目标

提高步频，感受上下肢协调配合、前脚掌陆续蹬地

强度

20 米为 1 组

做 3 组

中间不休息

容易出现的失误、错误和调整建议

1 抢跑

影响： 犯规，重跑，影响成绩。

调整建议： 犯规易导致考生心情低落，进而影响考试成绩。考试时集中注意力听“跑”的口令或枪响，不要紧张。

2 起跑时前脚先动或第一步跨步太大，造成短暂停顿

影响： 起跑慢，影响成绩。

调整建议： 起跑时双脚前后自然开立，重心前倾，压在前脚，听到“跑”的口令或枪响时，双脚用力蹬地迅速前冲。

3 途中跑时上身抬得过快，摆臂无力

影响： 跑速慢，影响成绩。

调整建议： 进入途中跑，加强腿的后蹬和摆动力量，步幅逐渐增大，步频逐渐加快，上身逐渐抬起。

4 左右摆臂，摆臂太紧张

影响： 影响跑速和成绩。

调整建议： 规范摆臂技术，双脚前后开立，上身前倾，保持肩关节放松，双臂屈肘于体侧，摆动时手不要超过身体正中线和下颏，前摆时稍向内，后摆稍向外，待技术熟练后可适当增加手臂力量训练，如双手各拿一瓶矿泉水的负重摆臂练习。

5 身体重心靠后形成“坐着跑”的姿势

影响： 限制步幅，影响成绩。

调整建议： 途中跑时上身稍前倾，后蹬快速、有力、充分且方向正，大腿积极下压，膝关节迅速伸展，落地时用前脚掌向下向后扒地并迅速屈膝屈踝。

6 没有到终点就开始减速

影响： 影响成绩。

调整建议： 考前多进行练习，尽全力保持高速度冲刺终点，跑过终点再减速慢跑。

考试模拟练习

50 米跑测试	练习目标 提高 50 米跑的成绩，增强自信心

考试现场回放

2～4名考生同时进行考试，考生听到枪声后开始起跑，同时电子计时器开启，跑至终点时停止计时。考试成绩以电子设备测试成绩为准，或采取原始记录成绩的方式，即1名考生的成绩由3位老师记录并取中间值，成绩精确到小数点后1位。如果考生摔倒，补测一次或延期至缓考。

超实用满分备考策略

1. 考前2～3天不要进行强度大的训练，以免身体疲劳，影响考试成绩。
2. 考前注意保持冷静，集中注意力并对自己充满信心，可以通过深呼吸等方式来放松身心，缓解紧张情绪。
3. 穿平时穿过的运动鞋，舒适不磨脚，不可穿钉鞋；穿适于奔跑的衣服。
4. 考前30分钟要在老师的带领下做好充分的准备活动，如6～8分钟的慢跑，5～7分钟的上肢、腰部、腿部拉伸，3～4次30米的加速跑，使身体提前进入考试状态。
5. 上跑道前检查鞋带、腰带。依据考场情况进行加速跑或原地高抬腿跑，使身体进入兴奋状态。
6. 注意保持稳定的跑步节奏及呼吸节奏，尽量全程高速奔跑并深呼吸，不要忽快忽慢。

50 米跑评分表

等级	单项得分	四年级		六年级		八年级	
		男	女	男	女	男	女
优秀	100	8.7	8.7	8.2	8.2	7.5	8.0
	95	8.8	8.8	8.3	8.3	7.6	8.1
	90	8.9	8.9	8.4	8.4	7.7	8.2
良好	85	9.0	9.2	8.5	8.7	7.8	8.5
	80	9.1	9.5	8.6	9.0	7.9	8.8
及格	78	9.3	9.7	8.8	9.2	8.1	9.0
	76	9.5	9.9	9.0	9.4	8.3	9.2
	74	9.7	10.1	9.2	9.6	8.5	9.4
	72	9.9	10.3	9.4	9.8	8.7	9.6
	70	10.1	10.5	9.6	10.0	8.9	9.8
	68	10.3	10.7	9.8	10.2	9.1	10.0
	66	10.5	10.9	10.0	10.4	9.3	10.2
	64	10.7	11.1	10.2	10.6	9.5	10.4
	62	10.9	11.3	10.4	10.8	9.7	10.6
	60	11.1	11.5	10.6	11.0	9.9	10.8

（单位：秒）

注：数据参考《国家学生体质健康标准（2014 年修订）》。北京市目前按照“达到良好即满分”的原则进行测评。

1 分钟跳绳

扫码看视频

动作分解易记忆

握绳和量绳，找到适合自己的跳绳长度

双脚开立，与肩同宽，踩在绳子中段，双手握绳两端，绳在腰侧且双臂屈肘，拳心向前，这样长度的绳子较为合适。

摇绳和跳绳，手腕摇绳、前脚掌着地

摇绳时，手臂基本保持不动，上肢贴近身体，小臂展开，手腕发力，减小绳子运动周长，加快摇绳频率。

跳绳时，前脚掌落地，膝关节和踝关节弹性屈伸，起到缓冲作用，从而达到快速进行双脚跳或轮换跳的目的。

日常锻炼有计划

类别	锻炼动作	训练组数	训练间歇	训练频率
热身	双手向上伸展 / 体前屈（参见第 53 页、54 页）	20 次 ×2 组	10 秒	—
	20 米高抬腿跑（参见第 61 页）	20 米 ×3 组	中间不休息	—
专项训练	提踵跳 / 无绳跳 / 腋下夹物跳	30 次 ×4 组	2 分钟	一周 3 次
	提踵	30 次 ×3 组	1 分钟	一周 3 次
	单手握绳摇绳 / 双手握绳摇绳	100 次 ×3 组	1 分钟	一周 3 次
	触绳高抬腿	20 次 ×2 组	1 分钟	一周 3 次
	正脚背击绳练习	100 次 ×2 组	1 分钟	一周 3 次
实战测试	1 分钟跳绳	2 组	3 分钟	一周 3 次
放松恢复	坐位体前屈（参见第 108 页）	30 秒 ×2 组	3 分钟	—
	斜体俯卧撑（参见第 139 页）	15 次 ×3 组	3 分钟	—

高分秘籍动作库

零基础模拟练习

1 提踵跳

动作要点

双手背后，置于腰部，脚后跟提起，让脚尖持续发力，利用小腿的力量将身体弹起，脚后跟离开地面，依次循环。

目标
提高弹跳力
强度
30 次为 1 组
做 4 组
每组间歇 2 分钟

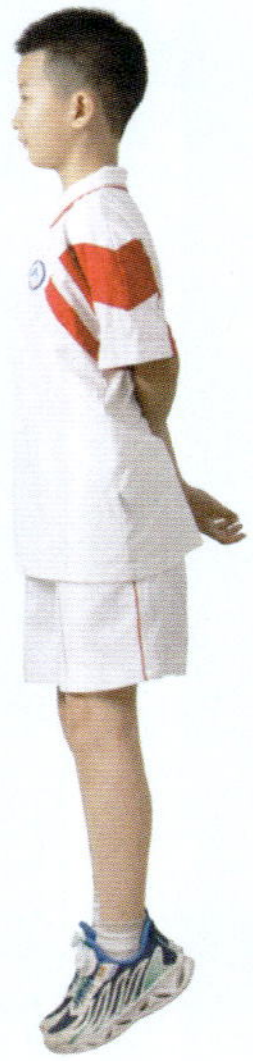

2 无绳跳

动作要点

- 身体直立，收紧核心，双臂成摇绳姿势，双手握无绳跳绳。
- 踝关节蹬地发力跳起，同时膝关节微屈，勾脚尖。
- 双脚起跳，双脚落地，前脚掌着地。边跳边在心里默数拍子，并调整呼吸，形成自己的节奏。

目标
提高弹跳力
强度
30 次为 1 组
做 4 组
每组间歇 2 分钟

3 腋下夹物跳

动作要点

双腋下各夹一个空的矿泉水瓶，双手握无绳跳绳或折叠的绳子或毛巾，按跳绳的方式跳起来。

目标
提高弹跳力
强度
30 次为 1 组
做 4 组
每组间歇 2 分钟

加强身体稳定性的练习

提踵

动作要点

- 身体自然站立，双臂自然置于身体两侧，也可以在身前放一把椅子，双手微微扶住椅背，腿部肌肉发力，前脚掌着地，脚后跟抬起后缓慢落下。
- 抬起、落下，如此反复。

目标

提高弹跳力、平衡力

强度

30 次为 1 组

做 3 组

间歇 1 分钟

提高跳绳速度的摇绳练习

1 单手握绳摇绳

动作要点

- 将跳绳对折，单手握绳。
- 取站立姿势，斜向脚下摇绳。双脚可以不动，也可以跟着摇绳跳动。

目标

掌握跳绳节奏，提高连续跳的能力

强度

100 次为 1 组

做 3 组

每组间歇 1 分钟

2 双手握绳摇绳

动作要点

- 将跳绳挂在脖子上或置于身后，跳绳调到合适的长度，双手连续摇绳。双脚可以不动，也可以跟着摇绳跳动。

目标

掌握跳绳节奏，提高连续跳的能力

强度

100 次为 1 组

做 3 组

每组间歇 1 分钟

提升双脚交换跳速度的脚步练习

正常情况下，人的下肢没有上肢那么灵活，想要提升双脚交换跳的速度，推荐练习无绳抬脚跳。比如，想双脚交换跳 20 秒达到 120 次，无绳抬脚跳的速度就要至少达到 20 秒 120 次或更高。无绳抬脚跳的速度决定跳绳速度的上限，摇绳速度决定跳绳速度的下限。

1 触绳高抬腿

动作要点

- 三人一组，两人拉一条跳绳，练习者在中间，做高抬腿动作，绳子高度保持在练习者大腿抬起后与地面平行的位置。

目标
增加上下肢力量
强度
20 次为 1 组
做 2 组
每组间歇 1 分钟

2 正脚背击绳练习

动作要点

- 三人一组，两人拉绳距地面 20 厘米左右。
- 一人在中间进行快速抬腿练习，每次正脚面撞击跳绳，上身前倾，核心收紧，跟随节奏，肩部放松，双臂自然摆动。

目标
掌握跳绳节奏，提高连续跳的能力
强度
100 次为 1 组
做 2 组
每组间歇 1 分钟

满分突破有妙招

牢牢把握这三点

1. 技术稳定

调整好适合自己的跳绳长度。跳绳时大臂贴近身体，小臂自然下垂，手腕和身体保持一拳左右的距离，使跳绳的落点远离双脚，避免卡绳。在开始跳绳或断绳后重新跳时，速度应慢慢往上加，否则很容易造成再次断绳。

2. 体能充沛

原地用手腕进行摇绳练习，体会跳绳的惯性，在甩绳过程中，用最小的力气，让绳子不停转动，当绳子快要慢下来时，再正常用力摇一下绳，依次重复。同时调整好呼吸，按照自己的节奏，减少体力的消耗。

3. 心理强大

不过分追求成绩，放松跳即可。练习时进行分段增次练习，以 20 秒为单位，在不失误的情况下逐渐加快速度，争取达到 60 次；而后进行分段增时练习，可在 20 秒的基础上，依次增加 10 秒进行练习。在跳绳的前 30 秒，体力充沛，跳跃的速度要快，跳绳的后 30 秒，出现体力下降、肚子痛、脚酸等情况时不要紧张，可加大摇绳幅度，适当调整起跳高度，减少勾脚的情况。

跳绳做到两固定

1. 跳绳位置固定

在练习跳绳时，使身体保持直立的状态，避免前倾或者后仰，保持重心稳定，并在地上画一个圈规定范围，不要让自己跳出去，跳出去就重新跳。

2. 摇绳位置固定

跳绳摇绳时把大臂夹紧，让大臂贴近身体，利用小臂和腕部的力量去摆动跳绳，使用手腕发力摇绳，减少跳绳的运行周长，固定摇绳位置，稳定跳绳节奏。

容易出现的失误、错误和调整建议

序号	失误、错误	影响与调整建议
1	鞋带开了	**影响：** 影响速度，减少数量。 **调整建议：** 鞋带最好绑紧一点或打死结，并将鞋带塞到鞋子里。或者准备一块胶布，系好鞋带后用胶布粘牢。
2	绳子过长或过短	**影响：** 减慢速度，增加停顿时间。 **调整建议：** 将绳子调整到合适的长度，不长不短刚刚好。
3	跳出区域	**影响：** 不得分。 **调整建议：** 用自己的余光看一下测试板，如果跳出，尽快调整回来。日常训练强调原地跳。
4	太紧张经常断绳	**影响：** 影响跳绳速度和数量。 **调整建议：** 如果意识到断绳是紧张引起的，立即减慢速度找到自己的跳绳节奏。平时多测验，保持沉着冷静心态。
5	起跳时脚与地的高度不合理	**影响：** 影响跳绳速度。 **调整建议：** 时刻提醒脚离地的距离保持在1～3厘米。
6	起跳时小腿向后弯曲	**影响：** 消耗更多体力。 **调整建议：** 时刻注意让小腿自然下垂。
7	摇绳时左右手高度不相同	**影响：** 容易碰着脚，踩绳。 **调整建议：** 发现高度不同的问题，尽快纠正。
8	保持双脚分开的跳绳状态	**影响：** 增加失败率。 **调整建议：** 跳绳过程中让双腿、双脚保持并拢在一起的状态。
9	跳绳练习中速度不均匀	**影响：** 跳绳量少。 **调整建议：** 增加体能训练，提高速度。

考试模拟练习

1 分钟计数跳绳

练习目标
模拟考试，增加自信心

考试现场回放

每组8～10人，每人跳1次，以电子跳绳测试计数仪在60秒内测得的有效次数作为有效成绩。

考生听到“预备，开始！”的信号（同时开机）后，双脚或单脚依次向上跳、双手从后向前摇动跳绳，每摇动一回算一次，听到“结束”信号后停止。

摇绳动作以正摇为准，反摇绳子、一跳多摇、只跳不摇等都视为犯规行为，有犯规行为，不计成绩。一跳一垫步不犯规，但会影响成绩。

跳绳消耗体力较大，一个人连续跳绳 5 分钟，相当于跑步 1000 米。

超实用满分备考策略

1. 衣服不要过于宽松，选择较贴身的上衣、运动裤（最好有裤腰绳）和轻便鞋子（鞋带系好）。不选择带有帽子的衣物，容易将跳绳缠绕在帽子上。
2. 检查口袋是否有东西，如硬币、钥匙、眼镜等物品，应及时取出，以免在跳的过程中掉落影响成绩。
3. 尽量减少失误，失误一次会少跳4～6个绳，速度不宜过快，熟练掌握后再加快速度。
4. 认真观察前面几位同学的考试，了解整个考试的流程。

注：小学 1 分钟跳绳的评分标准为总分 120 分 = 标准分 + 附加分。即满分为 100 分；对成绩超过 100 分的进行加分，最高为多跳 40 个，加 20 分。

1分钟跳绳评分表

等级	单项得分	四年级		六年级	
		男	女	男	女
优秀	100	137	149	157	166
	95	132	142	152	159
	90	127	135	147	152
良好	85	121	127	141	144
	80	115	119	135	136
及格	78	108	112	128	129
	76	101	105	121	122
	74	94	98	114	115
	72	87	91	107	108
	70	80	84	100	101
	68	73	77	93	94
	66	66	70	86	87
	64	59	63	79	80
	62	52	56	72	73
	60	45	49	65	66
不及格	50	42	46	62	63
	40	39	43	59	60
	30	36	40	56	57
	20	33	37	53	54
	10	30	34	50	51

（单位：次）

注：数据参考《国家学生体质健康标准（2014 年修订）》。北京市目前按照“达到良好即满分”的原则进行测评。

分值	九年级	
	男	女
8	180	180
7.5	175	175
7	170	170
6.5	165	165
6	160	160
5.5	150	150
5	140	140
4.5	130	130
4	124	124
3.5	118	118
3	112	112
2.5	106	106
2	100	100
1.5	94	94
1	88	88
0.5	82	82
0	81	81

（单位：次）

注：数据参考《北京市义务教育体育与健康考核评价现场考试项目评分标准（试行）》。

立定跳远

扫码看视频

动作分解易记忆

预备姿势：直臂大幅摆动

双脚分开，比肩稍窄。脚后跟抬起，身体直立，双臂向上摆。双臂后摆时，屈膝降低重心，上身稍前倾。

起跳腾空：蹬地快速有力

起跳时，加大屈膝的程度及双臂后摆的幅度，身体重心落在前脚掌上，随着双臂有力地向前上方摆动，双脚快速用力蹬地，下肢踝、膝、髋关节成一条直线，上肢展腹、挺胸，身体向前上方腾起。

落地缓冲：脚后跟先着地，重心向前

手臂后摆，收腹折叠双腿，小腿尽量往前伸，脚后跟先着地，屈膝缓冲，身体重心迅速移过脚着地点，双臂前伸，维持身体平衡。

日常锻炼有计划

类别	锻炼动作	训练组数	训练间歇	训练频率
热身	原地挺身跳	12次 ×4组	1分钟	—
	两头起	15次 ×3组	2分钟	—
专项训练	单腿跳	12次 ×4组	2分钟	一周3次
	原地收腹跳	15次 ×3组	4分钟	一周3次
	连续跳障碍	3轮 ×3组	3分钟	一周2次
实战测试	立定跳远	2组	30秒	一周3次
放松恢复	坐位体前屈（参见第108页）	2组	3分钟	—
	有目标的正踢腿（参见第111页）	10次 ×3组	3分钟	—

高分秘籍动作库

提高下肢力量的练习

1 原地挺身跳

动作要点

- 双脚分开同肩宽、屈膝，降低重心，后背挺直。
- 双腿蹬地发力垂直起跳、充分挺髋，双臂向前摆动至过头。
- 落地时屈髋屈膝，后背挺直，双臂向后摆起。

目标

提高下肢爆发力

强度

12 次为 1 组

做 4 组

每组间歇 1 分钟

2 单腿跳

动作要点

- 右腿支撑，左腿屈膝、降低重心，后背挺直，双肩向后打开，双臂向后伸展。
- 右腿蹬地同时摆臂发力。
- 落地时屈膝降重心，收紧核心，还原。换另一条腿。

目标

提高爆发力和身体稳定性

强度

12 次为 1 组

做 4 组

每组间歇 2 分钟

增强腰腹力量的练习

1 原地收腹跳

动作要点

- 双腿稍分开站立，屈膝后做双腿向上的收腹提腿跳练习。
- 双膝尽可能地向上提，而且向上弹起的速度要快。

目标

加强腹部和腿部肌肉力量

强度

15 次为 1 组

做 3 组

每组间歇 4 分钟

2 两头起

动作要点

- 仰卧，吸气，手臂于头部上方伸直，双腿并拢伸直。
- 呼气，上抬伸直的手臂与双腿，在最高点手、脚触碰。
- 慢慢下落放松，恢复原姿势。

扫码看视频

目标

加强腰腹部肌肉力量

提高收腹举腿能力

强度

15 次为 1 组

做 3 组

每组间歇 2 分钟

趣味小百科

“亚洲飞人”刘翔

2004 年雅典奥运会上，刘翔获得男子 110 米栏冠军，被称为“亚洲飞人”。正所谓“台上一分钟，台下十年功。”刘翔能取得如此傲人的成绩，离不开他平时刻苦的训练。一年三百六十五天，刘翔几乎每天都会上训练场，就算遇到恶劣天气，他也会千方百计地找室内场地训练。这种勤奋刻苦的精神，使他成为全中国乃至全亚洲的骄傲。

满分突破有妙招

提高弹跳速度的练习

连续跳障碍

动作要点

- 用折叠体操垫组成连续的障碍物，即一个折叠放于地上，另一个立在上面，间隔适当距离，共摆放 3 个。
- 双脚分开，屈膝，双臂屈肘置于后方，双腿用力蹬地，双臂向前摆，带动身体跳起，跳过障碍物。注意蹬地和摆臂要协调配合。
- 根据个人能力，可适当降低高度，如不要立着的垫子，也可减少垫子组数。不要过于追求高度，避免出现运动风险。

目标
提高弹跳力和弹跳速度

强度
3 轮为 1 组
做 3 组
每组间歇 3 分钟

你身边的体育榜样

他是谁，有哪些感动和激励你的故事，记录下来吧！

容易出现的失误、错误和调整建议

1 预摆时踮脚过高

影响： 重心不稳、向前倒，造成犯规。

调整建议： 控制上摆时踮脚的幅度，不宜过大，选择适合自己的角度最为合适。

2 起跳踩线

影响： 犯规、浪费机会，影响成绩。

调整建议： 平时练习时应注意，起跳时尽可能地接近起跳线。以手臂上摆时，脚尖不超线为宜。

3 起跳时小跳一步或垫一步助动

影响： 犯规，影响心态和成绩。

调整建议： 平时通过原地收腹跳、连续跳障碍等反复练习双脚同时起跳动作，着重体会双脚同时用力向上起跳的感觉。

4 跳跃时起跳速度慢，蹬摆无力

影响： 影响发挥及成绩。

调整建议： 连续做原地蹬、摆练习，快速蹬伸，并充分展体。加强腿部力量训练，多做挺身跳和原地收腹跳练习。

5 起跳后高度不够，跳不起来

影响： 影响成绩。

调整建议： 多做原地收腹跳、蛙跳、跳障碍物、深蹲跳等练习，增强大腿肌肉力量。

6 收腹举腿不积极，“坐着跳”

影响： 影响成绩。

调整建议： 多做正确的摆臂练习及加强腰腹肌肉力量的练习，如原地收腹跳、两头起等。

7 落地不稳、动作不准确

影响： 臀部或手往后着地，脚尖着地、向前扑倒，影响成绩。

调整建议： 平时根据自己的能力进行跳远练习。落地时迅速调整身体重心，脚后跟先着地，再迅速过渡到前脚掌。

8 跳完后站不稳往后退	**影响：** 重心不稳，犯规，浪费机会，影响成绩。 **调整建议：** 集中注意力，跳完后快速向一侧走出考试场地，再绕回起跳线准备下一次起跳。

考试模拟练习

立定跳远测试	**练习目标** **立定跳远的计成绩练习，提高考试成绩**

考试现场回放

考试时，考生每人有 3 次机会，取最近着地点后沿至起跳线的垂直距离为成绩，最远一次的有效成绩为考试成绩，成绩计取小数点后两位。考试时考生双脚分开站立于起跳线后，双脚原地同时起跳，若出现脚尖移动踩线或垫步式连跳动作，则视为犯规。动作完成后应向前走出考试场地，若落地时双手先于双脚着地视为犯规。3 次跳均犯规，则成绩为零分。

超实用满分备考策略

1. 平时有规律地、积极地参加训练，在考前 2~3 天不要进行强度大的训练，并保证充足的睡眠，以免身体过度疲劳，影响考试成绩。
2. 做好心理上的准备，放松心情，把考试当成日常的体育锻炼，切忌投机取巧的心理。
3. 重视准备活动。上考场前，在老师的带领下做好充分的准备活动，如原地高抬腿、开合跳等，或做一些拉伸动作让全身的肌肉得到舒展，使身体提前进入考试状态。
4. 在前面还有3～5名同学时，可提前做几次收腹跳、挺身跳、原地纵跳等，有助于快速激发爆发力。注意不可多做，也不要提前太久。

立定跳远评分表

等级	单项得分	八年级	
		男	女
优秀	100	2.40	2.00
	95	2.33	1.94
	90	2.26	1.88
良好	85	2.18	1.81
	80	2.10	1.74
及格	78	2.06	1.71
	76	2.02	1.68
	74	1.98	1.65
	72	1.94	1.62
	70	1.90	1.59
	68	1.86	1.56
	66	1.82	1.53
	64	1.78	1.50
	62	1.74	1.47
	60	1.70	1.44
不及格	50	1.65	1.39
	40	1.60	1.34
	30	1.55	1.29
	20	1.50	1.24
	10	1.45	1.19

（单位：米）

注：数据参考《国家学生体质健康标准（2014 年修订）》。北京市目前按照“达到良好即满分”的原则进行测评。

分值	九年级	
	男	女
8	2.25	1.76
7.5	2.20	1.72
7	2.15	1.68
6.5	2.09	1.63
6	2.02	1.58
5.5	1.94	1.52
5	1.85	1.46
4.5	1.83	1.44
4	1.81	1.42
3.5	1.78	1.39
3	1.75	1.36
2.5	1.72	1.33
2	1.69	1.30
1.5	1.66	1.27
1	1.63	1.24
0.5	1.60	1.21
0	1.59	1.20

（单位：米）

注：数据参考《北京市义务教育体育与健康考核评价现场考试项目评分标准（试行）》。

1 分钟仰卧起坐

扫码看视频

动作分解易记忆

预备姿势：不要用力抱头给颈部压力

双手交叉贴于头后，双肩胛骨触垫平躺，下巴微收，双腿屈膝稍分开，使大腿及小腿成 90 度角，一人压住练习者的脚踝进行仰卧起坐的练习。起时不要用力抱头，以免给颈部压力造成损伤。

仰卧起坐：快起快落进步更快

收腹屈背、双臂屈肘前摆内收。注意起时呼气，快起快落，保持节奏。低头、含胸，双肘触及双膝。落时吸气，用腹肌的力量放慢后仰速度。这样练习进步更快，有助于提升爆发力，提高仰卧起坐成绩。

日常锻炼有计划

类别	锻炼动作	训练组数	训练间歇	训练频率
热身	仰卧抛球	10 次 ×3 组	1 分钟	—
专项训练	俄罗斯转体	25 次 ×4 组	1 分钟	一周 3 次
	40 秒快速仰卧起坐	40 秒 ×3 组	4 分钟	一周 3 次
	屈膝摆臂仰卧起坐	20 个 ×3 组	4 分钟	一周 3 次
	直腿摆臂卷体	20 个 ×3 组	4 分钟	一周 3 次
实战测试	1 分钟仰卧起坐	2 组	30 秒	一周 3 次
放松恢复	俯卧挺身（参见第 87 页）	15 次 ×3 组	1 分钟	—
	单腿英雄前屈（参见第 110 页）	2 组	30 秒	—

注：1 分钟仰卧起坐为八年级过程性考核的加分项目。该项目根据学生成绩高于单项得分 100 分后，以超过的次数增加相应的分数。最高为超过 13 个，加 10 分。

高分秘籍动作库

零基础的前置练习

1 仰卧抛球

动作要点

- 屈膝脚踩地面，平躺在垫上，双手持球置于脑后地面。
- 呼气，收腹做仰卧起坐，起来的同时将球用力抛向墙面或者辅助者。
- 身体坐起时，接住从墙面反弹回来或辅助者抛回的球。
- 吸气，躺回垫上，回到初始位置。

目标

锻炼腹部肌肉

强度

10 次为 1 组

做 3 组

每组间歇 1 分钟

2 俄罗斯转体

扫码看视频

动作要点

- 坐姿，双脚离地，后背挺直，双手持球放于体前（也可双手交叉）。
- 肩部带动身体转向一侧，球触地。
- 还原转向另一侧进行练习。

目标

稳定腹斜肌，帮助纠正仰卧起坐时一侧先起的错误动作

强度

两侧均完成为 1 次

25 次为 1 组

做 4 组

每组间歇 1 分钟

满分突破有妙招

有针对性的速度和力量练习

1 40 秒快速仰卧起坐

动作要点

和同学或家人一起练习仰卧起坐，一人用手按压练习者脚背或膝盖跪在其脚背上。练习者快速进行仰卧起坐练习。

目标

体会双臂屈肘前摆内收动作，提高速度

强度

40 秒为 1 组

做 3 组

每组间歇 4 分钟

2 屈膝摆臂仰卧起坐

动作要点

仰卧于垫上，双手臂伸直放于头两侧，双腿屈膝保持不动，双手臂向上摆动起身，完成动作。可以后背垫上垫子，帮助完成仰卧起坐，感受腹肌发力。

目标

锻炼腰腹部力量，提高速度

强度

20 个为 1 组

做 3 组

每组间歇 4 分钟

3 直腿摆臂卷体

动作要点

仰卧于垫上，手臂伸直放于头两侧，双脚合并，直腿上举至尽量与身体成 90 度角。收腹用力，手臂伸直上摆，带动身体快速上抬完成动作。

目标

加强腹肌力量的锻炼，提高仰卧起坐动作速度

强度

20 个为 1 组

做 3 组

每组间歇 4 分钟

容易出现的失误、错误和调整建议

1 腹肌发力不足，手臂用力过猛

影响： 损伤颈椎，影响成绩。

调整建议： 在练习时掌握正确姿势，双手交叉贴于头部，用腰腹的力量前屈回落，切忌用力抱头带动身体前屈。

2 先顶髋部离垫，再发力完成仰卧起坐

影响： 犯规、浪费时间，影响成绩。

调整建议： 平时先从低难度的仰卧起坐（起身高度从 45 度起或有同伴辅助）开始练起，同时加强腰背肌肉的力量训练，如练习两头起、直腿摆臂卷体等。

3 起坐时左右摇摆

影响： 影响成绩。

调整建议： 平时加强腹斜肌练习，增强稳定性，如做俄罗斯转体等。

4 触垫快起意识不强

影响： 减少有效计入成绩的次数。

调整建议： 练习时，注意训练动作的质量，要求身体肩胛骨触垫，再快速前屈至双肘触膝。注意头不要后仰触垫，前屈时双肘要触及或超越两膝，前面不要快下慢起，以免浪费时间。

5 憋气 呼吸节奏不合理

影响： 打乱考试节奏，影响成绩。

调整建议： 应多练习正确的呼吸方式来配合仰卧起坐动作，即上身向前卷屈时呼气，向后回落时吸气。

6 双腿过分伸直或弯曲

影响： 弯曲角度不固定，动作不到位，影响成绩。

调整建议： 在练习时，注意动作的准确性。将双腿弯曲成 90 度角，脚底贴合地面。

考试模拟练习

1 分钟仰卧起坐测试

练习目标

计时 1 分钟仰卧起坐练习，提高考试成绩

考试现场回放

考生仰卧于垫上，双手五指交叉贴于头后，展开双臂，手背及臂均触垫。双脚放于垫上，屈膝，两膝可稍分开，大小腿成 90 度角，脚背被压住。考试信号发出后，开始考试。起坐时，两肘必须触及或超越两膝，仰卧时，手背及肩胛骨必须触垫。按 1 分钟完成的次数计取成绩，每个考生有 1 次考试机会。如出现双手未触及两膝、手背及肩胛骨未触垫、臀部离开垫子，均属犯规，不计次数。

超实用满分备考策略

1. 考前2～3天不要进行高强度训练。考试现场在老师的带领下做好充分的热身活动，认真活动腰部和颈部。考时集中注意力，用尽全力，若后几秒感到无法坚持，请配合深吸气和呼气，坚持完成。
2. 从容应对考试，备齐考试装备，考试前一天晚上准备好运动服装等。
3. 考前感到紧张的同学要调整好心态，适度紧张不要担心，反而有利于考试。考试时如出现失误被提醒也不要感到慌乱和害怕，要给自己积极的心理暗示“我尽力了就是最棒的！”等。
4. 进入考试现场后，感受一下垫子的软硬程度，提前稳定地进入考试状态。

1 分钟仰卧起坐评分表

等级	单项得分	四年级		六年级		八年级
		男	女	男	女	女
优秀	100	49	47	51	49	51
	95	46	45	48	47	49
	90	43	43	45	45	47
良好	85	40	40	42	42	44
	80	37	37	39	39	41
及格	78	35	35	37	37	39
	76	33	33	35	35	37
	74	31	31	33	33	35
	72	29	29	31	31	33
	70	27	27	29	29	31
	68	25	25	27	27	29
	66	23	23	25	25	27
	64	21	21	23	23	25
	62	19	19	21	21	23
	60	17	17	19	19	21
不及格	50	15	15	17	17	19
	40	13	13	15	15	17
	30	11	11	13	13	15
	20	9	9	11	11	13
	10	7	7	9	9	11

（单位：次）

注：数据参考《国家学生体质健康标准（2014 年修订）》。北京市目前按照“达到良好即满分”的原则进行测评。

分值	九年级
	女
8	42
7.5	40
7	37
6.5	34
6	30
5.5	26
5	22
4.5	21
4	20
3.5	19
3	18
2.5	17
2	16
1.5	15
1	14
0.5	13
0	12

（单位：次）

注：数据参考《北京市义务教育体育与健康考核评价现场考试项目评分标准（试行）》。

掷实心球

扫码看视频

动作分解易记忆

持球

双手五指分开，食指、中指、无名指、小指放于球两侧，指尖朝前，将球抱紧；双手大拇指成“八字形”靠近，紧紧扣在球的后上方。持球双臂后展，双肘微屈，举球至头的后上方。

预摆和最后用力

面对投掷方向，双脚前后或左右分开站立，双臂屈肘，双手持球于头后；上身稍后仰重心落在后腿上，然后双腿用力蹬地、收腹、甩臂，用全身力量将球从头后向前上方掷出。

维持平衡

投掷完一脚可向前迈一步或原地交换跳，保持身体平衡，但不得触碰或越过投掷线。

日常锻炼有计划

类别	锻炼动作	训练组数	训练间歇	训练频率
热身	双手向前掷球	20 次	—	—
专项训练	俯卧挺身 / 俯卧背起	15 次 ×3 组	1 分钟	一周 3 次
	连续跳障碍（参见第 76 页）	3 轮 ×3 组	3 分钟	一周 3 次
	站姿弹力带快拉	15 次 ×4 组	3 分钟	一周 3 次
实战测试	掷实心球	2 组	1 分钟	一周 3 次
放松恢复	双手向上伸展 / 体前屈 / 侧压腿（参见第 53 页、54 页）	20 秒 ×2 组	10 秒	—

高分秘籍动作库

1 俯卧挺身

动作要点

- 俯卧垫上，双臂屈肘，双手放耳边，脚尖触地。
- 上半身向上抬至肚脐以上离开垫子，呼气，保持2~4秒；向下还原至起始位置，吸气，保持2~4秒。练习过程中，下颏微收，保持头颈稳定。

目标
增强腰背肌力量
强度
15 次为 1 组
做 3 组
每组间歇 1 分钟

2 俯卧背起

动作要点

- 俯卧于垫子上，双臂在头部上方伸直，双腿向后伸直。
- 呼气，用腰背的力量上抬双臂与双腿，在最高点静止 2 秒；吸气，慢慢下落放松还原。

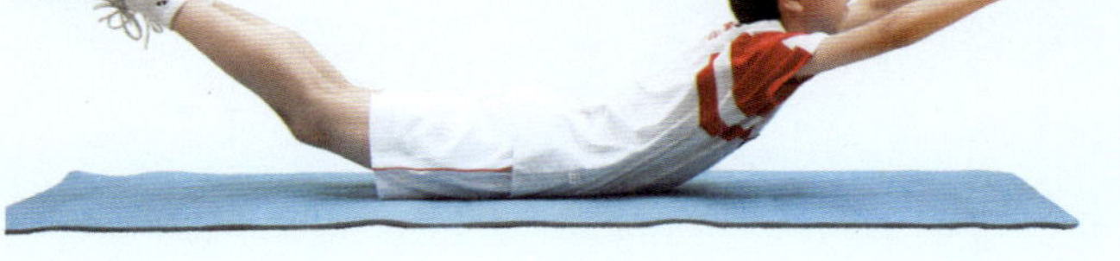

目标
强化腰背肌肉力量
强度
15 次为 1 组
做 3 组
每组间歇 1 分钟

满分突破有妙招

增强手臂爆发力的练习

1 双手向前掷球

动作要点

在平坦的地面上练习双手向前掷球，可用排球、篮球或足球代替实心球。

目标
提高前掷实心球的出手速度 定位出手角度
强度
20 次

2 站姿弹力带快拉

动作要点

- 站立，双脚踩住弹力带，手臂于头后屈肘握住弹力带。
- 身体保持稳定，双臂和肩带肌群以较快速度发力至头上举，保持几秒，缓慢还原。

目标
提高上肢力量 掌握发力顺序
强度
15 次为 1 组 做 4 组 每组间歇 3 分钟

容易出现的失误、错误和调整建议

1 站立时前后脚间距过大或者过小

影响： 影响投掷远度，影响成绩。
调整建议： 训练时，不断练习寻找适合自己的前后脚间距长度。一般以 2 个脚长为宜，具体可根据个人的实际情况而定。

2 出手角度太高或太低

影响： 减少投掷距离，影响成绩。
调整建议： 球出手角度太高，需注意发力顺序，蹬地、收腹、挥臂一气呵成。出手角度太低，需注意球出手时眼睛看向前上方。

3 掷实心球时腕指用不上力

影响： 损伤手指、手腕肌肉，影响成绩。
调整建议： 持球、握球时双手手指保持适度紧张，可用铅球进行抓握练习，加强对手指、手腕力量的训练。

4 投掷时肘关节过早下降或弯曲

影响： 球的出手点过低，导致投掷近，影响成绩。
调整建议： 掌握正确的发力顺序。肘关节不能过早弯曲，投球时要抬头看 45 度左右方向，练习时可在前上方寻找参照物。

5 双臂用力不协调腰部用不上力

影响： 投掷不远，易导致身体损伤，影响成绩。
调整建议： 加强腰腹的训练，也可先进行徒手训练，再由轻球到重球进行练习。

超实用满分备考策略

1. 在上考场的前 30 分钟，可进行慢跑、加速跑、全身关节的拉伸，使全身的关节进入考试状态。注意活动手腕、脚踝，并着重进行腰腹部韧带的拉伸，感受动作力量的传导——蹬地、收腹、挺胸、挥臂、拨指。
2. 合理利用每一次机会。考试一般有 3 次机会，第一次要稳，不要犯规；第二次要搏，搏出好成绩；第三次超越自我。一般好成绩在前两次。

考试模拟练习

掷实心球测试

练习目标

熟悉考试流程，提高考试成绩

考试现场回放

考生进入考试场地可做一次考前投掷练习，练习结束后正式考试。考试信号发出后，考生站在投掷线后，双脚前后或左右分开站立，身体面对投掷方向，双手举球至头上方，稍向后仰，原地用力把球向前方掷出；球出手前，考生的双脚均不能移动。球出手时，一脚可向前迈一步，但不得触碰或越过投掷线。

以米为单位记录考试成绩，保留小数点后1位。测量距离取投掷线后沿至球着地点后沿之间的垂直距离。投掷过程中，身体任何部位触及投掷线或投掷线前地面、球出手前的助跑动作及双脚同时离地都属于犯规。每名考生有3次投掷机会，计取最好成绩，3次均无成绩者，则该项成绩为零。

掷实心球评分表

分值	九年级	
	男	女
8	9.5	7.6
7.5	9.1	7.4
7	8.7	7.2
6.5	8.3	7.0
6	7.9	6.8
5.5	7.5	6.4
5	7.0	6.0
4.5	6.5	5.6
4	6.0	5.2
3.5	5.5	4.8
3	5.0	4.4
2.5	4.5	4.0
2	4.0	3.6
1.5	3.5	3.2
1	3.0	2.8
0.5	2.5	2.4
0	2.4	2.3

（单位：米）

注：数据参考《北京市义务教育体育与健康考核评价现场考试项目评分标准（试行）》。

引体向上（男）

扫码看视频

动作分解易记忆

预备动作：抓杠直体悬垂

原地跳起，双手正手握杠，双手距离与肩同宽，成直体悬垂姿势，静止后双臂保持紧张。

向上引体：用力拉杠至下颏过杠

向上引体，引体过程中收紧腹部，用力上拉至下颏超过单杠上沿为完整的一次，双臂保持紧张再还原至初始姿势，进行第二次向上引体。

日常锻炼有计划

类别	锻炼动作	训练组数	训练间歇	训练频率
热身	体前屈 / 侧压腿（参见第 54 页）	20 次 ×2 组	10 秒	—
专项训练	站姿弯举	25 次 ×4 组	2 分钟	一周 3 次
	俯身划船（参见第 151 页）	20 次 ×4 组	2 分钟	一周 3 次
	双臂垂悬	30 秒 ×4 组	3 分钟	一周 3 次
	低单杠上的斜身引体	20 次 ×3 组	4 分钟	一周 3 次
	弹力带辅助引体向上	8 次 ×3 组	4 分钟	一周 3 次
实战测试	引体向上	2 组	3 分钟	一周 3 次
放松恢复	双手向上伸展 / 双手向身体侧面拉伸 / 颈部前屈后仰，左右拉伸 / 斜上方伸展双臂 / 体前屈 / 侧压腿（参见第 53 页、54 页）	20 秒 ×2 组	10 秒	—

高分秘籍动作库

零基础的第一次可踩在椅子上

引体向上第一次做可以踩在凳子或椅子上，减轻负重。也可以在同学的帮助下上杠，再慢慢下降，减轻难度。这样的训练持续1～2周就可以感受到肌肉力量增强，从而打破做引体向上的零纪录。

掌握好练习节奏

肌肉的强化发生在训练过程的休息阶段，掌握好训练节奏，劳逸结合最重要。

每周训练安排

- 刚开始练习的1个月，每周可训练2次，一次10～20分钟，练习时不超过5组，每组都要做到极限。从第二个月开始，每周可练3次，保证训练日和休息日交替进行，每次7～8组，每组做到极限。

组间歇时间

- 3分钟，训练组数越多，休息时间越长。

提高上肢力量的练习

1 站姿弯举

动作要点

- 站立，双脚分开，双手自然下垂握住哑铃。
- 掌心朝上，保持大臂与地面垂直并贴紧身体，双臂用力向上屈肘。上身挺直，减少前后晃动幅度。
- 屈肘至顶点时保持几秒，还原。

目标
锻炼上肢力量
强度
25 次为 1 组
做 4 组
每组间歇 2 分钟

2 双臂垂悬

动作要点

- 双手正握单杠，双臂伸直成悬垂状，双腿屈膝，小腿交叉。
- 背部肌肉、双臂肌肉同时发力带动身体上拉。缓慢下落还原。

目标
提升臂力，提高核心稳定力
强度
30 次为 1 组
做 4 组
每组间歇 3 分钟

满分突破有妙招

1 低单杠上的斜身引体

动作要点

- 家长陪同，或找一个同学一起练习。双手正握低单杠，身体下垂，双脚前伸。
- 另一个同学站在低单杠前，让他的双手握住自己的小腿，固定在自己的髋关节处。
- 上半身引体，使下颏超过低单杠上沿进行练习。
- 注意安全，配合默契，及时松手。

目标

增强手臂和背部肌肉力量

强度

20 次为 1 组

做 3 组

每组间歇 4 分钟

2 弹力带辅助引体向上

动作要点

选择一条高强度弹力带，将弹力带缠绕并固定在单杠上。练习者单脚踩弹力带，依靠弹力带的助力完成引体向上练习。练习时，核心收紧，双手正握，发力时主动挺胸。发力呼气、下落吸气。

目标

增强上肢、胸大肌、背阔肌力量

强度

8 次为 1 组

做 3 组

每组间歇 4 分钟

超实用满分备考策略

1. 考前一周的训练强度要减少，以恢复训练为主，保持放松，提高训练效果。
2. 同学们可双手擦拭镁粉，保持手掌干燥，增加防滑效果，提高测试成绩。

容易出现的失误、错误和调整建议

1 握杠方法错误，如掌心向后或四指勾杠	**影响：** 犯规，影响成绩。 **调整建议：** 采用正握方式，掌根贴杠，四指卷握，大拇指紧扣食指，锁扣单杠，双手紧握。
2 双手距离不合适	**影响：** 双手间距不固定，减少计入成绩的数量。 **调整建议：** 上杠前双手平举过头顶，保持与肩同宽。预先以合适间距跃上、握紧，不在杠上进行调整。
3 反弓动作不充分	**影响：** 影响成绩。 **调整建议：** 掌握动作要领，加强核心力量练习，下降过程中有意识地控制身体形成腰往前顶，腿往后摆的反弓形。
4 身体后仰、离杠距离远、下颏不过杠	**影响：** 犯规，影响成绩。 **调整建议：** 肘部弯曲约成直角时，身体主动向前上贴近单杠，下颏主动够杠，不断超越单杠高度。
5 全靠臂力上杠	**影响：** 核心力量不够，影响成绩。 **调整建议：** 增加核心力量，依靠核心力量完成引体向上动作，日常应多练习双臂垂悬、臀桥抬腿等动作。
6 两次动作间手臂没有充分伸直	**影响：** 犯规，影响成绩。 **调整建议：** 练习下杠时双臂缓慢放直，再进行下一次的动作。

注：引体向上为八年级过程性考核的加分项目。该项目根据学生成绩高于单项得分 100 分后，以超过的次数增加相应的分数。最高为超过 10 个，加 10 分。

考试模拟练习

引体向上（男）测试

练习目标

按考试要求进行引体向上练习，提高考试成绩

考试现场回放

考生听到考试信号后，走到杠下跳起，双手正握杠，约与肩同宽，直体悬垂，保持静止后做引体向上动作。向上引体至下颏超过单杠再恢复直体悬垂状态为完成一次。考试从双手握杠开始，双手离杠、脚触地，或两次完整动作间隔超10秒为考试结束。成绩按成功完成引体向上的次数计取，每个考生只有一次考试机会。

没有从静止动作向上引体；两次动作间，手臂没有完全伸直；下颏未超过单杠上沿均视作犯规，不计入成绩，但可以继续考试。

引体向上（男）评分表

等级	单项得分	八年级
优秀	100	14
	95	13
	90	12
良好	85	11
	80	10
及格	78	
	76	9
	74	
	72	8
	70	
	68	7
	66	
	64	6
	62	
	60	5

（单位：次）

注：数据参考《国家学生体质健康标准（2014年修订）》。北京市目前按照“达到良好即满分”的原则进行测评。

分值	九年级
8	11
7.5	10
7	9
6.5	8
6	7
5.5	6
5	5
4.5	4
4	3
3.5	2
3	1

（单位：次）

注：数据参考《北京市义务教育体育与健康考核评价现场考试项目评分标准（试行）》。

斜身引体（女）

扫码看视频

动作分解易记忆

选择高度适合自己的低单杠

选择适合自己身高的低单杠，杠面高度要与胸部齐平。双手分开与肩同宽，正握住单杠。

屈臂引体，用力拉杠至下颏过杠

双脚前伸蹬地，全脚掌着地。双臂与躯干成 90 度角，身体斜向下垂，与地面夹角小于 45 度。身体从静止开始做屈臂引体，收紧核心，用力向斜上方拉，双脚不能移动，当下颏能触到或超过横杠时，伸臂复原，再进行第二次斜身引体。

日常锻炼有计划

类别	锻炼动作	训练组数	训练间歇	训练频率
热身	肩上推举	20 次 ×3 组	1 分钟	—
专项训练	俯卧背起（参见第 87 页）/ 俯身划船（参见第 151 页）	15 次 ×3 组	1 分钟	一周 3 次
	仰卧支撑 / 屈腿俯卧撑（参见第 162 页）/ 俯身哑铃反向飞鸟	20 次 ×3 组	1 分钟	一周 3 次
	平板支撑	30 秒 ×3 组	1 分钟	一周 3 次
	俯身提拉	10 次 ×3 组	30 秒	一周 3 次
实战测试	斜身引体（女）	2 组	3 分钟	一周 3 次
放松恢复	双手向上伸展 / 双手向身体侧面拉伸 / 颈部前屈后仰，左右拉伸 / 斜上方伸展双臂 / 体前屈 / 侧压腿（参见第 53 页、54 页）	20 秒 ×2 组	10 秒	—

高分秘籍动作库

1 肩上推举

动作要点

手持哑铃或矿泉水瓶，放在肩两侧与肩平，向上推举，快推慢放。

目标

锻炼肩部肌肉

强度

20 次为 1 组

做 3 组

每组间歇 1 分钟

2 仰卧支撑

动作要点

- 双腿伸直，下肢放松，臀部坐于地面或垫上；双臂伸直，双手向后撑于地面，挺直背部。
- 绷紧肩部，核心收紧向上抬，使肩、髋、膝保持在一条直线上，保持10～30秒后还原。

目标

提高上肢肌肉力量

强度

20 次为 1 组

做 3 组

每组间歇 1 分钟

3 平板支撑

动作要点

- 屈肘，小臂与前脚掌撑地，耳、肩、髋、膝、踝成一条直线。
- 小臂按紧地面，手肘朝脚的方向用力，脚尖用力向前勾起，与地面摩擦力对抗。

目标
训练核心力量
强度
30 秒为 1 组
做 3 组
每组间歇 1 分钟

满分突破有妙招

1 俯身提拉

动作要点

- 双脚开立与肩同宽，成半蹲姿势，双手握住哑铃或矿泉水瓶，向下伸直双臂，保持2～3秒。
- 呼气，收紧核心，带动双臂迅速站起。

目标
锻炼腰腹肌肉力量
强度
10 次为 1 组
做 3 组
每组间歇 30 秒

2 俯身哑铃反向飞鸟

动作要点

- 双脚分开，俯身与地面约成 90 度，双手对握哑铃，手肘微屈，双臂垂直于地面。
- 呼气肩部发力，肩胛骨保持稳定，上抬哑铃至手臂平行于地面，吸气还原至起始位置。注意下放时保持动作节奏，有控制地缓慢下放。

目标
锻炼肩部三角肌
强度
20 次为 1 组
做 3 组
每组间歇 1 分钟

容易出现的失误、错误和调整建议

1 双手反手握杠

影响：影响发挥和成绩。

调整建议：掌根贴杠，四指紧握，拇指紧扣食指正握杠。

2 引体时，双脚移动

影响：影响成绩。

调整建议：可和同学一起练习，让同学按住双脚，强化不能移动的动作记忆。

3 挺腹、塌腰，左摇右摆

影响：犯规，影响成绩。

调整建议：练习过程中有意识地收紧腰腹部肌肉，使躯干和腿成一条直线，练习时动作不宜过快。

4 臂屈时下颏没有过杠

影响：犯规，影响成绩。

调整建议：屈臂引体时两肘外展，身体核心部位全程收紧，至下颏触杠或超过杠。

5 身体不能按要求做出动作

影响：影响成绩。

调整建议：练习时建立正确动作意识，双腿前伸、双脚蹬地，双臂与躯体成 90 度角，身体与地面夹角小于 45 度，成仰斜悬垂姿势。

6 屈臂引体前手臂未伸直，或双脚未全脚掌着地

影响：影响成绩。

调整建议：建立正确的动作意识，屈臂引体前有意识地伸直双臂，双脚全脚掌紧贴地面。

考试模拟练习

斜身引体（女）测试

练习目标

按考试要求进行斜身引体练习，提高考试成绩

考试现场回放

考生站在单杠前时杠面高度在考生胸前，考试信号发出后，考生双手正握杠，约与肩同宽；双脚向前蹬地，全脚掌着地，身体保持挺直，双臂与躯干成 90 度斜悬垂，身体与地面的夹角小于 45 度；然后做屈臂引体，双脚不能移动，下颏超过横杠上沿，随后伸臂还原，为完成 1 次。两次动作间隔超过 10 秒或单、双手离杠，则考试结束。记录考生完成符合标准的动作次数。每名考生只考 1 次。

出现塌腰、挺腹或臀部上下摆动，身体未保持挺直，下颏未超过横杠上沿等情形时视为犯规，当次动作不计数，但可以继续考试。

斜身引体（女）评分表

分值	九年级
	女
8	40
7.5	36
7	32
6.5	28
6	24
5.5	20
5	16
4.5	12
4	10
3.5	9
3	8
2.5	7
2	6
1.5	5
1	4
0.5	3
0	2

（单位：次）

注：数据参考《北京市义务教育体育与健康考核评价现场考试项目评分标准（试行）》。

超实用满分备考策略

1. 上考场前，注意拉伸肩胛骨和胸部肌肉，快速进入考试状态。要注意安全，确认下面有无铺垫子，防止手指无力抓杠跌落器械。
2. 进入考场后，可提前感受一下单杠的摩擦力，熟悉一下考试环境，给自己积极有力的暗示，快速进入考试状态。

双杠臂屈伸（男）

扫码看视频

动作分解易记忆

双手握杠跳上成支撑

身体面向双杠一端站立，双手握杠，跳起后成直臂支撑，头正挺胸顶肩，保持静止状态。

双臂弯曲，大小臂夹角≤ 90 度或肩低于肘

直臂支撑握杠保持静止状态后，双臂开始弯曲，直到大小臂夹角≤ 90 度或肩低于肘。

双臂伸直成直臂支撑

大小臂夹角≤ 90 度或肩低于肘后，双臂用力推杠，恢复成直臂支撑，为完成 1 次双杠臂屈伸。

日常锻炼有计划

类别	锻炼动作	训练组数	训练间歇	训练频率
热身	双手向身体侧面拉伸 / 体前屈（参见第 53 页、54 页）	20 次 ×2 组	10 秒	—
专项训练	哑铃颈后臂屈伸	10 次 ×2 组	1 分钟	一周 3 次
	哑铃侧平举	8 次 ×5 组	1 分钟	一周 3 次
	交替哑铃弯举	8 次 ×5 组	1 分钟	一周 3 次
	三点支撑爬行	8 次 ×5 组	1 分钟	一周 3 次
	双杠支撑前进	5 次 ×3 组	5 分钟	一周 3 次
	哑铃跨步蹲	20 次 ×5 组	1 分钟	一周 3 次
实战测试	双杠臂屈伸	3 次 ×3 组	3 分钟	一周 3 次
放松恢复	双手向上伸展 / 双手向身体侧面拉伸 / 体前屈 / 侧压腿（参见第 53 页、54 页）	20 秒 ×2 组	10 秒	—

高分秘籍动作库

1 哑铃颈后臂屈伸

动作要点

- 自然站立，双脚与肩同宽，双手各握一个哑铃在身体前方。
- 将其举高过头顶后，屈肘，让小臂向后伸展。两大臂贴近两耳，保持竖直，不摇动；收缩三头肌，逐渐伸展肘关节，把小臂向上挺伸，直到臂部完全伸直，三头肌彻底收紧；静止 1 秒钟。
- 再屈肘，让小臂徐徐下垂到开始位置，使三头肌尽量伸展。

目标

锻炼上肢力量

强度

10 次为 1 组

做 2 组

每组间歇 1 分钟

2 哑铃侧平举

动作要点

- 双手持哑铃，置于身体两侧，膝盖微屈，身体挺胸收腹站直。
- 收缩三角肌使双臂打开，肘关节始终保持微屈，直到大臂与地面水平。手臂缓慢收回到原来位置。

目标

锻炼上肢肌肉力量

强度

8 次为 1 组

做 5 组

每组间歇 1 分钟

3 交替哑铃弯举

动作要点

- 直立，双手各握哑铃，拳心相对，大臂垂直地面并贴近身体。以肘关节为主发力，向前上方弯举一侧手臂的哑铃时，使肘部靠近腰部保持不动，从而达到肱二头肌的最大收缩。
- 弯举哑铃至高点时稍作停顿，然后缓慢放下，与此同时另一侧手臂重复刚才的动作，此时双手臂同时保持运动，重复完成动作直到力竭。弯举的过程中要确保完全伸展手臂从而达到最大的动作幅度。

目标

锻炼肱二头肌，增强手臂力量

强度

8 次为 1 组

做 5 组

每组间歇 1 分钟

4 哑铃跨步蹲

动作要点

双手各拿一个哑铃放在身体两侧，一脚往前跨一大步，膝盖尽量超过脚后跟，后腿下弯至膝盖触地，接着吐气，恢复到初始姿势，10 次后换另一侧做重复动作。

目标

加强手臂力量和大腿股四头肌力量

强度

20 次为 1 组

做 5 组

每组间歇 1 分钟

满分突破有妙招

1 双杠支撑前进

动作要点

- 双手分别握住杠，双脚同时向上蹬离地面，直臂撑杠，挺胸抬头，双腿并拢。
- 双臂交替撑杠向前移动。

目标

增强手臂支撑能力

强度

5 次为 1 组

做 3 组

每组间歇 5 分钟

2 三点支撑爬行

动作要点

- 身体先成俯卧撑状，双手与肩同宽，双臂用力撑住身体，让上身与地面平行。
- 右脚抬起，左脚脚尖触地，与触地的双手形成三点支撑地面的状态。
- 左脚向上跳起向前一小步，同时双手支撑地面向前爬行，过程中不要耸肩，双脚可以交替进行。

目标

增强腰腹、上肢和下肢力量，帮助加快屈伸速度

强度

8 次为 1 组

做 5 组

每组间歇 1 分钟

趣味小百科

“体操王子”李宁

李宁从小热爱体操，后接受系统体操训练，因其优异的表现进入国家体操队。1982 年世界杯体操赛中，李宁获全能、自由体操、单杠、跳马、鞍马和吊环 6 枚金牌，创造世界体操神话，成为世界体操史上首位单次获得 6 项冠军的运动员，被誉为“体操王子”。他的职业运动生涯中共获得过 106 枚金牌。退役后的李宁，创立了“李宁”体育用品品牌，将运动员的基因与精神注入企业。

容易出现的失误、错误和调整建议

1 没有从静止状态开始

影响：当次动作不计数，影响成绩。

调整建议：平时注意要加强“开始时”这个静止状态的练习，让它成为动作习惯，考试时调整好心态，不要紧张。

2 动作吃力或双臂没有伸直

影响：当次动作不计数，影响成绩。

调整建议：加强上肢及腰腹肌肉锻炼，增强这些部位的力量，同时注意向上动作时双臂要伸直。

3 大小臂夹角>90度或肩高于肘

影响：当次动作不计数，影响成绩。

调整建议：在练习这个动作时可请人帮忙指正，让大小臂夹角≤90度，符合考试的动作要求。

4 脚触地

影响：考试直接结束，影响成绩。

调整建议：考试开始前要选择合适高度、宽度的双杠，同时考试时要注意适当抬高双脚，避免出现失误。

5 两次完整动作的间隔超过10秒

影响：考试直接结束，影响成绩。

调整建议：平时要加强上肢及腰腹肌肉锻炼，在增强力量的同时注意两次完整动作之间间隔不要超过10秒。

6 危险动作：双手离杠或单手离杠

影响：动作不合格，影响成绩。

调整建议：平时要加强上肢肌肉锻炼，时刻提醒自己注意手部动作，不让手离杠，形成良好运动习惯。

考试模拟练习

双杠臂屈伸（男）测试

练习目标

按考试要求进行练习，提高考试成绩

考试现场回放

考生进入考试场地，站在双杠一端，面向考务员，做好准备后举起右手示意可以开始。考试信号发出后，考生双手握杠跳上，双臂伸直，身体成静止支撑状态；静止状态后双臂弯屈，大小臂夹角≤ 90 度或肩低于肘；然后双臂再伸直成支撑，为完成 1 次。考生继续按考试动作要求完成所需次数，如果出现双手离杠、脚触地或两次完整动作的间隔超过 10 秒，则考试结束。记录考生完成符合标准的动作次数。每名考生有 1 次考试机会，犯规时当次动作不计数，但可以继续考试。

超实用满分备考策略

1. 在备考期间，要多练习并熟练掌握双杠臂屈伸的动作和技术，如双手握杠跳上成支撑、大小臂夹角≤ 90 度等。
2. 双杠臂屈伸动作对上肢力量、耐力等有较高要求，备考期间要做好体能和专项训练，才能在考场上顺利完成动作，考出好成绩。
3. 在考前 3 天左右不要进行强度大的体能训练和运动，避免身体过度疲劳或受伤，影响考试。
4. 多参加模拟练习，特别是考前的模拟练习，以熟悉考试环境和流程，增强自信心，帮助自己考出好成绩。

双杠臂屈伸（男）评分表

分值	九年级
	男
8	11
7.5	10
7	9
6.5	8
6	7
5.5	6
5	5
4.5	4
4	3
3.5	2
3	1

（单位：次）

注：数据参考《北京市义务教育体育与健康考核评价现场考试项目评分标准（试行）》。

坐位体前屈

扫码看视频

动作分解易记忆

预备姿势：双腿微微分开

坐在垫子上，双腿伸直，略微分开，双脚平蹬住测试板，上身前屈，用双手中指指尖顶住游标。

体前屈：中指指尖向前推

用双手中指指尖顶住游标持续、缓慢地向前推进，直到不能前推为止。注意在推动游标时腿不能弯曲，也不能突然发力。

日常锻炼有计划

类别	锻炼动作	训练组数	训练间歇	训练频率
热身	站姿双腿拉伸 / 坐姿单腿拉伸	30 秒 ×3 组	30 秒	—
专项训练	助力性拉伸	20 次 ×3 组	2 分钟	一周 3 次
	充分激活大腿后侧肌群	10 次 ×6 组	1 分钟	一周 3 次
	正压腿	10 次 ×3 组	3 分钟	一周 3 次
	有目标的正踢腿	10 次 ×3 组	3 分钟	一周 3 次
	后腿向后移动的纵叉	3 次 ×3 组	4 分钟	一周 3 次
	单腿英雄前屈	2 组	4 分钟	一周 3 次
实战测试	坐位体前屈	2 组	3 分钟	一周 3 次
放松恢复	站姿双腿拉伸 / 坐姿单腿拉伸	30 秒 ×3 组	30 秒	—

高分秘籍动作库

借助外力，提高身体柔软度

助力性拉伸

动作要点

- 和家人或同学一起练习。两人面对面坐在垫上，双腿并拢伸直，脚掌相对，上身前屈，双臂前伸，双手相握。
- 两人互相帮助对方完成体前屈动作，使两人上身不断向前屈伸。

目标

提高身体柔韧性

强度

20 次为 1 组

做 3 组

每组间歇 2 分钟

提高大腿后侧肌肉柔韧性

1 充分激活大腿后侧肌群

动作要点

- 用双手手掌掌根来推额头，从下往上推 10～20 次，放松筋膜，更便于感受低头前屈的动作。
- 身体平躺在垫上，双脚脚尖勾起，先抬起右腿，再双手交叉抱住右腿大腿后侧，固定住大腿。
- 勾右脚脚尖，大腿尽量向胸前靠，小腿伸直后再弯曲，循环进行 10 次，再换另一侧腿进行。进行这个动作时要感觉到大腿后侧的肌肉韧带有拉伸感，并伴有酸痛感。

目标

拉伸大腿后侧，激活大腿后侧肌群

强度

10 次为 1 组

做 6 组

每组间歇 1 分钟

2 站姿双腿拉伸

动作要点

双腿并拢，膝关节伸直，腰、背部放松，双手自然下垂，上身做振动式下压，至自己的最大限度。

目标
拉伸大腿肌肉
提高大腿后侧柔韧性
强度
30 秒为 1 组
做 3 组
每组间歇 30 秒

3 坐姿单腿拉伸

动作要点

- 双腿尽量左右分开，坐于垫上，双手于体前扶地。
- 呼气，转体，上身前倾贴在一条腿上，双手扶在身体前倾一侧腿的踝关节前部，保持几秒，换另一侧。

目标
拉伸大腿肌肉
提高大腿后侧柔韧性
强度
30 秒为 1 组
做 3 组
每组间歇 30 秒

4 单腿英雄前屈

动作要点

坐于垫上，一条腿伸直，屈另一条腿，臀部向下坐。颈背部成一条直线，双手带动背部缓慢向前伸，双手到达伸直腿一侧的脚尖或踝关节前部，保持1～2分钟，换另一侧，此为1组。

目标
舒髋展肩
拉伸大腿及腹部肌肉
强度
做 2 组
每组间歇 4 分钟

满分突破有妙招

进阶的压腿、踢腿、纵叉

扫码看视频

1 正压腿

动作要点

抬起右腿放到高台或桌椅上，支撑腿蹬直，上身前屈，双手摸脚尖，上身振动式向前压，再交换腿，反复练习。高台或桌椅的高度宜与腰齐，刚开始练习不宜超过髋部。

目标
拉伸腿部韧带
提高身体柔软度
强度
10 次为 1 组
做 3 组
每组间歇 3 分钟

2 有目标的正踢腿

动作要点

此动作可和家人或同学一同练习，让家人或同学伸出一只手指示高度，自己正踢腿至指示的高度。

目标
提高身体柔韧性
强度
10 次为 1 组
做 3 组
每组间歇 3 分钟

3 后腿向后移动的纵叉

动作要点

弓箭步站立，开始时双手扶前膝关节处，接着后脚不断向后移动，纵劈至身体能承受的最大幅度。

目标
拉伸腿部韧带
提高柔韧性
强度
3 次为 1 组
做 3 组
每组间歇 4 分钟

容易出现的失误、错误和调整建议

1 弯腰抬头

影响：关节打不开、呼吸不通畅，影响成绩。

调整建议：和同学轮流练习低头夹棒。让同学将体操棒放在自己的颈部前，下颏前伸，不能碰棒，当上身前倾、腹部收紧靠近大腿时，再迅速低头，用下颏夹紧棒。

2 躯干前倾不够

影响：背部肌肉紧张，身体太“弓”，影响成绩。

调整建议：缓解紧张的背部肌肉，日常多做站姿双腿拉伸等。

3 卷腹不充分

影响：腹部肌肉和股直肌收缩能力差，身体不易贴近大腿，影响成绩。

调整建议：多进行腹部肌肉的训练，可仰卧在垫子上举腿，脚尖绷直，身体与腿成 90 度角，停留 15 秒。日常也可多做单腿英雄前屈等。

4 膝关节不自主弯曲

影响：跟腱柔韧性差，犯规，影响成绩。

调整建议：拉伸跟腱肌肉。面墙站立，一条腿支撑，另一条腿用脚后跟抵住墙，膝关节伸直，用力向下压腿。日常也可多做坐姿单腿拉伸等。

5 呼吸节奏不合理

影响：憋气或呼吸不当，不能更好地前推，影响成绩。

调整建议：掌握正确呼吸方式，前推时慢呼气。

古奥运会规定，举行运动会一个月内，不得动用武器、发动战争，交战双方也要放下武器，因此这个月叫“神圣休战月”。后来“神圣休战月”延长到 3 个月，标志着古奥运会是一个和平的象征。

考试模拟练习

坐位体前屈测试

练习目标

按考试要求进行体前屈练习，提高成绩

考试现场回放

考生上垫子前脱掉鞋子，双腿伸直，双脚平蹬测试纵板，双脚分开约15厘米，上身前屈，双臂向前伸直，用双手中指指尖逐渐向前推动游标，直到不能前推为止。测试仪器的脚蹬纵板内沿平面所对的数字为0，向后为负值，向前为正值。成绩记录以厘米为单位，保留一位小数。一般会测试三次，取最好成绩为考试成绩。

考试推游标时，双腿弯曲、突然发力向前推动游标都视作犯规，该次成绩无效。

超实用满分备考策略

1. 考试前一周，不要给自己增加训练强度，以免身体过度疲劳，影响成绩。可根据训练情况和疲惫程度微调训练强度，以最佳的状态迎接考试。
2. 考前保持充足的睡眠和休息，不要让腿部着凉。
3. 考前在老师的带领下进行充分的热身活动，热身后，间歇拉伸韧带，活动好各关节，尤其是肩关节、髋关节、膝关节等部位。在未轮到自己测试之前，可进行反复多次压腿练习。
4. 进入考试现场，可先感受一下推板的摩擦力，适应坐垫的软硬度，使自己保持身心放松，以积极的心态对待考试。

坐位体前屈评分表

等级	单项得分	四年级		六年级		八年级	
		男	女	男	女	男	女
优秀	100	16.4	19.5	16.6	19.9	19.6	22.7
	95	15.0	18.1	15.3	18.7	17.7	21.0
	90	13.6	16.9	14.0	17.5	15.8	19.3
良好	85	11.7	15.0	11.5	15.2	13.7	17.6
	80	9.8	13.1	9.0	12.9	11.6	15.9
及格	78	8.6	12.0	7.7	11.8	10.3	14.6
	76	7.4	10.9	6.4	10.7	9.0	13.3
	74	6.2	9.8	5.1	9.6	7.7	12.0
	72	5.0	8.7	3.8	8.5	6.4	10.7
	70	3.8	7.6	2.5	7.4	5.1	9.4
	68	2.6	6.5	1.2	6.3	3.8	8.1
	66	1.4	5.4	-0.1	5.2	2.5	6.8
	64	0.2	4.3	-1.4	4.1	1.2	5.5
	62	-1.0	3.2	-2.7	3.0	-0.1	4.2
	60	-2.2	2.1	-4.0	1.9	-1.4	2.9
不及格	50	-3.2	1.3	-5.0	1.1	-2.6	2.1
	40	-4.2	0.5	-6.0	0.3	-3.8	1.3
	30	-5.2	-0.3	-7.0	-0.5	-5.0	0.5
	20	-6.2	-1.1	-8.0	-1.3	-6.2	-0.3
	10	-7.2	-1.9	-9.0	-2.1	-7.4	-1.1

（单位：厘米）

注：数据参考《国家学生体质健康标准（2014 年修订）》。北京市目前按照“达到良好即满分”的原则进行测评。

原地纵跳摸高

扫码看视频

动作分解易记忆

预摆是发力的基础

双脚左右开立，与肩同宽，双臂前后摆动，前摆时，双腿伸直，后摆时，屈膝降低重心，上身稍前倾，手尽量往后摆。上下肢动作协调配合，摆动时一伸二屈降重心，上身稍稍向前倾。

纵跳摸高，半蹲向上跳离地面

双脚快速用力蹬地，同时双臂稍曲由后往前上方摆动，向上方跳起腾空，并充分展体。离地前强调前脚掌瞬间蹬地动作。蹬地动作快速有力，腿蹬和手摆要协调，空中展体要充分。

做第一标记时，挺胸直立，直臂上举，大臂贴住耳部，手掌和手指伸直，用最长手指触碰仪器并留痕，双脚不动；然后，原地双脚起跳，用同一手指再次触碰仪器并留痕，作为第二标记。两次标记的距离为本次纵跳成绩。

日常锻炼有计划

类别	锻炼动作	训练组数	训练间歇	训练频率
热身	双手向上伸展 / 双手向身体侧面拉伸（参见第 53 页）	20 次 ×2 组	10 秒	—
专项训练	弹力带双臂斜上拉	1 分钟 ×3 组	1 分钟	一周 3 次
	立定跳远（参见第 73 页）	8 次 ×2 组	30 秒	一周 3 次
	半蹲快速跳起	5 次 ×5 组	3 分钟	一周 3 次
	蛙跳	20 次 ×3 组	2 分钟	一周 3 次
	臀桥抬腿 / 仰卧收腿	1 分钟 ×3 组	1 分钟	一周 3 次
实战测试	原地纵跳摸高	2 组	2 分钟	一周 3 次
放松恢复	体前屈 / 侧压腿（参见第 54 页）	20 秒 ×2 组	10 秒	—

高分秘籍动作库

原地纵跳摸高是考验纵向爆发力、弹跳力和关节灵活性的测试，它对身体柔韧性、全身联动的爆发力要求较高。原地纵跳摸高是竖直的弹跳，注重向上舒展的伸展性。

1 弹力带双臂斜上拉

动作要点

- 双脚前后站立，前脚踩弹力带。
- 双手抓弹力带两端，双臂由后向前上方拉伸弹力带。

目标

增强上肢肌肉力量，助力摸得更高

强度

1 分钟为 1 组

做 3 组

每组间歇 1 分钟

2 半蹲快速跳起

动作要点

- 双脚左右开立，比肩稍宽。双臂自然下垂，上身挺直，臀部后收，屈膝向下深蹲或半蹲，双臂自然后摆，注意调整呼吸。
- 双腿发力，迅速蹬腿，脚尖蹬地，尽力往高跳。髋、膝、踝三个关节充分拉伸，让腿有种舒展的感觉，双臂同时上摆，拔高起跳高度。落地时用前脚掌着地，屈膝缓冲，保持双脚距离。

目标

锻炼弹跳力量

强度

5 次为 1 组

做 5 组

每组间歇 3 分钟

3 蛙跳

动作要点

- 双腿与肩同宽，双手放在身体两侧。屈膝，上身保持挺直，目视前方；然后屈膝下蹲，双手触摸地面，同时双腿用力向后蹬，要求腿部发力，同时保持身体平衡。
- 双腿用力向前跳跃，同时双手用力向上挥动，尽量跳高一些，保持稳定；最后双腿用力着地，屈膝再次下蹲，双手触摸地面，完成动作。

目标

增强大腿力量

强度

20 次为 1 组

做 3 组

每组间歇 2 分钟

满分突破有妙招

1 臀桥抬腿

动作要点

屈膝仰卧在垫上。静态臀桥的同时一条腿提膝上抬搭在另一条腿膝盖上，保持 30 秒，换另一侧，此为 1 组。

目标
增强核心力量，提高技术动作的稳定性
强度
1 分钟为 1 组
做 3 组
每组间歇 1 分钟

2 仰卧收腿

动作要点

仰卧在垫上，双腿伸直，小臂支撑，双腿上抬，收腹提膝到小腿与地面平行，坚持 1 分钟。

目标
锻炼腹部肌肉
强度
1 分钟为 1 组
做 3 组
每组间歇 1 分钟

容易出现的失误、错误和调整建议

1 起跳区域错误

影响：犯规，影响成绩。

调整建议：加强起跳练习，增强踝关节的稳定性，按规范在起跳区域原地纵跳，避免超出起跳区域范围。

2 第一标记后起跳前脚部移动

影响：失去一次纵跳机会或当次纵跳成绩无效。

调整建议：考生完成第一标记后，脚部不能移动。

3 摆臂不够

影响：纵跳高度不够。

调整建议：在练习中，多体会摆臂对纵跳的提升。

4 纵跳角度出错

影响：降低纵跳高度。

调整建议：标志出起跳点，加强纵跳起跳练习，同时增强脚踝关节的稳定性，修正纵跳时的角度。

5 落地后崴脚

影响：受伤，影响成绩。

调整建议：运动前做好热身活动，如活动脚踝、腿部肌肉拉伸、双手侧平举拉伸等。

超实用满分备考策略

1. 考前一周的训练强度要减少，以恢复训练为主，保持放松的状态，提高训练的效果。
2. 上考场前，可进行如深呼吸、双臂打开举高、扭动脖子、活动脚踝关节等考前热身，尽快进入备考状态。
3. 进入考场后，可以提前适应一下场地，熟悉一下起跳区域和测试步骤，最长手指尝试触碰一下摸高器。

考试模拟练习

原地纵跳摸高测试	练习目标 按考试要求进行原地纵跳摸高练习，提高考试成绩

考试现场回放

考生听到考试信号后，用单手最长手指涂抹标记物，侧对仪器站在考试区域内，脚不能触线，调整好起跳位置后，挺胸直立，直臂上举，大臂贴住耳部，手掌和手指伸直，用最长手指触碰仪器并留痕，作为第一标记，双脚保持不动；然后，原地双脚起跳，用同一手指再次触碰仪器并留痕，作为第二标记，两次标记的距离为本次纵跳成绩。以厘米为单位记录考试成绩。每位考生可以跳 3 次，计取最好成绩。考生犯规时，当次成绩无效；犯规 3 次无成绩者，只能增加 1 次机会；仍然犯规者，该项目考试计 0 分。

做完第一标记后，起跳前脚部移动，则失去 1 次纵跳机会或当次纵跳成绩无效。

原地纵跳摸高评分表

分值	九年级	
	男	女
8	56	45
7.5	53	43
7	50	41
6.5	47	39
6	44	37
5.5	41	35
5	38	33
4.5	35	30
4	31	27
3.5	27	24
3	23	21
2.5	20	18
2	17	15
1.5	14	12
1	11	9
0.5	8	6
0	7	5

（单位：厘米）

注：数据参考《北京市义务教育体育与健康考核评价现场考试项目评分标准（试行）》。

第五章

球类项目怎么提分

足球：运球、射门

扫码看视频

动作分解易记忆

预备姿势：身体前倾，保持平衡

在预备时，考生站在起始线后，位于球后方，身体前倾，双膝微屈，重心要低一些，这样出球后身体容易保持平衡，且有利于跑动的衔接。

运球折返、射门

开始后，考生运球触及或越过折返线后返回，在球触及或越过起始线后返回射门区，开始射门。

折返运球注意好节奏，推球时用力不能过大，以免球脱离控制。此外，运球时注意用脚的不同部位运球行进，最好左右脚都能运球。

日常锻炼有计划

类别	锻炼动作	训练组数	训练间歇	训练频率
热身	热身跑 400 米	1 组	—	—
专项训练	9 个动作熟悉球性	10 次 ×4 组	3 分钟	一周 3 次
	颠球	15 次 ×4 组	2 分钟	一周 3 次
	弓箭步交换跳	60 次 ×3 组	3 分钟	一周 3 次
	立卧撑	20 次 ×3 组	3 分钟	一周 3 次
实战测试	足球：运球、射门	2 组	3 分钟	一周 3 次
放松恢复	双手向上伸展 / 体前屈 / 侧压腿（参见第 53 页、54 页）	20 秒 ×2 组	10 秒	—

高分秘籍动作库

增强控球能力的练习

1 颠球

动作要点

- 精力集中，两眼要注视球。
- 支撑腿微屈，颠球脚脚趾适当勾起。
- 触球部位：用正脚背靠近脚趾处去触球。
- 脚背颠球动作方法：脚向前上方摆动，用脚背踢球，击球时踝关节固定，击球的下部。双脚可交替踢球，也可一只脚支撑，另一只脚连续踢球。踢球时用力均匀使球始终控制在身体周围。
- 做动作时，要注意轻微的姿势调整和动作细节的变化对球的影响，从而提高控球能力。
- 颠球时一定要冷静沉着，集中精力完成颠球动作。

目标

提高颠球技巧

强度

15 次为 1 组

做 4 组

每组间歇 2 分钟

扫码看视频

2 9 个动作熟悉球性

动作要点

- 脚底踩拉球：用前脚掌踩住球，向不同方向拉动（图 1）。
- 脚内侧荡球：用脚内侧控球，让球在双脚间来回摆荡（图 2）。
- 行进间脚底踩球：在前后行进时用脚掌交替踩球（图 3）。

目标

增强控球能力

强度

10 次为 1 组

做 4 组

每组间歇 3 分钟

①

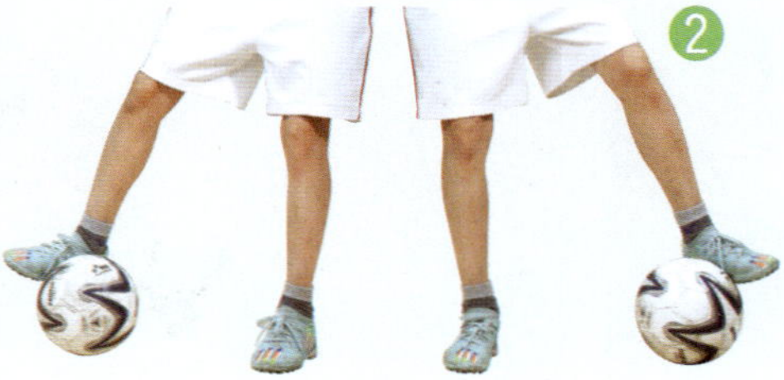

②

③

- 脚背正面推拨球：用脚背正面自然地推拨球，然后用脚底踩拉回到原来位置（图 4）。
- 脚底横向踩拉球：一只脚原地保持平衡，另一只脚脚底将球横向来回拉动（图 5）。
- 左右双脚内侧推拨球行进：用双脚内侧交替推拨球向前行进（图 6）。
- 脚内、外侧连续带球：分别用双脚内、外侧连续带球向前行进（图 7）。
- 脚内侧扣球转身：用一只脚外侧运球行进，然后再用这只脚的内侧扣球转身（图 8）。
- 脚外侧扣球转身：用一只脚外侧运球行进，然后再用这只脚外侧扣球转身（图 9）。

4

5

6

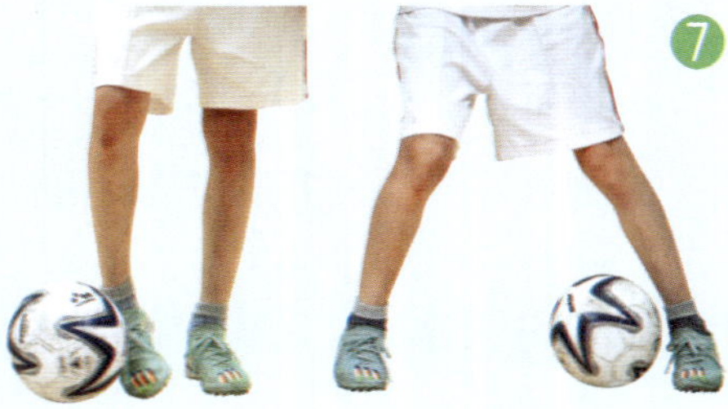
7

8

9

满分突破有妙招

增强腿部力量，加快动作

1 弓箭步交换跳

动作要点

- 弓箭步开始，上身保持直立，重心下沉至前腿屈膝 90 度，用力蹬地起跳。
- 上跳过程中，双腿交换姿势，高点后自然下落，跳动时手臂相应自然摆动。

目标
增强腿部力量，加快速度
强度
60 次为 1 组
做 3 组
每组间歇 3 分钟

2 立卧撑

动作要点

- 蹲撑开始，双手平放在地板上，比肩部略宽，手指朝前；双脚与肩同宽。
- 双脚后蹬并逐渐降低身体，直到胸部几乎接触到地面。用手臂的力量推动身体向上，伸直手臂，同时收腿并保持深蹲姿势，最后站起成直立状态。

目标
增强手臂和腿部力量，加快速度
强度
20 次为 1 组
做 3 组
每组间歇 3 分钟

容易出现的失误、错误和调整建议

1 一味图快

影响： 易增加失误次数。

调整建议： 日常多练习，根据不同情况灵活调整节奏，快慢结合，时刻保持耐心和冷静，不要急于求成。

2 球未触碰折返线

影响： 影响成绩。

调整建议： 平时注意运球到折返线处，过线后再往回带球，考试时要注意保持好心态，不要着急。

3 未在射门区射门

影响： 影响成绩。

调整建议： 提高自己的控球能力和稳定性，把球运至射门区再射门，注意控好球再射门，不要着急以免射门不准。

4 手球，运球不规范

影响： 影响成绩。

调整建议： 加强对手球规则的理解和掌握，反复训练提高控球能力，避免手球的发生。

超实用满分备考策略

1. 在备考期间，要多练习并熟练掌握足球的基本技巧，如运球、传球、射门和球性练习等，这些是取得好成绩的关键。
2. 考前 3 天左右不要进行强度大的运动训练，避免身体过度疲劳、受伤等，影响考试。
3. 多参加模拟练习，以检验自己的技巧并改进不足之处，同时也可以锻炼考试心态。

考试模拟练习

足球运球、射门测试

练习目标

熟悉流程

增强考试自信心

考试现场回放

每组8～10人，考试开始后，按照运球出发至折返线一运球返回起始线一运球折返后射门的顺序进行考试。

考生在 4 个球中确定好自己的起始用球及后续用球顺序后，等待考试信号。在听到考试信号后，考生站在置球线后做好准备。计时开始后，考生运球在起始线和折返线间往返，球触及或越过折返线后运球返回；第二次往返至射门区，然后射门。射门后，考生跑到下一个球前，按照前面的要求继续完成整个动作组合；前 3 个球全部射进球门，考试结束。如果进球数不足3个，计时不停止，必须用备用球完成一套完整的动作组合，第 4 次射门完成后，考试结束。

考生最后一球越过考试区底线或击中球门立柱、横梁，计时停止（球未射入球门情况）。记录考生完成考试的时间。

足球运球、射门评分表

分值	九年级	
	男	女
8	19.5	21.0
7.5	20.0	21.5
7	20.5	22.0
6.5	21.0	22.5
6	21.5	23.0
5.5	22.0	23.5
5	22.5	24.0
4.5	23.0	24.5
4	23.8	25.3
3.5	24.6	26.1
3	25.4	26.9
2.5	26.2	27.7
2	27.0	28.5
1.5	27.8	29.3
1	28.6	30.1
0.5	29.4	30.9
0	29.5	31.0

（单位：秒）

注：数据参考《北京市义务教育体育与健康考核评价现场考试项目评分标准（试行）》。

篮球：运球、投篮

扫码看视频

运球动作分解易记忆

预备姿势：双脚前后分立，屈膝前倾

在预备时，双脚应该前后分立，屈膝前倾，降低重心，运球的手在球上，另一只手在底下托球。球不可越过三分线，双臂自然弯曲。

运球到篮筐下

运球是指人在原地或移动中用单手连续拍按或双手交替拍按由地面反弹起来的球。

考试中，从三分线开始运球，将球运至篮筐下，再运球返回三分线处，要直线运球，手脚配合一致。这个过程中，用到的是行进间运球技术。

行进间运球时要注意用手掌运球发力，手指、手腕控制球的方向和速度，拍按球的后上方，同时后脚蹬地运球行进，球的落点要在同侧脚的前侧方，步法要与球弹起的节奏一致。运球时双手不要同时触球，这不仅是篮球运球规则，也是运球中的重要技术之一，它有助于保持运球的稳定性和效率，可以加快移动速度和进攻节奏。

投篮动作分解易记忆

行进间投篮：一大二小三跳

行进间投篮即大家所说的三步上篮。以右手上篮为例，右脚向前跨出一大步的同时，双手持球（一大），接着快速小步上左脚起跳（二小），

右腿屈膝上抬，同时举球到头右侧，腾空后上身稍后仰，当身体到最高点时（三跳），伸臂，手腕用力，手指拨球将球投出。考试中，如果行进间投篮未进，有两次补篮机会，可以参考下面的原地单手肩上投篮、原地双手胸前投篮方法。

原地单手肩上投篮

1. 以右手投篮为例，双脚前后开立，右脚在前，两膝微屈，重心落在双脚上。右手手腕后屈持球于右肩前上方，手心空出，左手扶球左侧。

2. 投篮时，双脚蹬地，同时右臂向前上方充分伸展，用手腕前屈和手指力量将球投出。

原地双手胸前投篮

1. 双手持球于胸前，双脚前后或左右开立，双膝微曲，重心落在双脚之间，双眼注视投球方向。

2. 投篮时，两眼瞄准篮筐，双臂随着腿的蹬伸用力及身体的伸展，由胸前向前上方伸出，两手腕同时外翻，手指用力拨球，将球投出，双臂随投篮出手方向伸展。

日常锻炼有计划

类别	锻炼动作	训练组数	训练间歇	训练频率
热身	热身慢跑 400 米	1 组	—	—
体能训练	俯卧撑（参见第 52 页）	15 次 ×3 组	30 秒	一周 3 次
专项训练	原地双手交替运球	30 次 ×3 组	1 分钟	一周 3 次
	低姿单手运球	20 次 ×3 组	1 分钟	一周 3 次
	体前变向换手运球	10 次 ×3 组	2 分钟	一周 3 次
	助跑单脚起跳摸高	5 次 ×3 组	1 分钟	一周 3 次
	双脚连续起跳打板	5 次 ×4 组	1 分钟	一周 3 次
实战测试	篮球：运球、投篮	2 组	3 分钟	一周 3 次
放松恢复	双手向上伸展 / 体前屈 / 侧压腿（参见第 53 页、54 页）	20 秒 ×2 组	10 秒	—

高分秘籍动作库

每天 30 分钟玩球，练习球感

1 原地双手交替运球

动作要点

- 两脚前后开立，双膝弯曲，平视前方，运球手手指自然弯曲，掌指控球。
- 左右手交替运球，依据自身能力自由调节运球节奏，反复练习。

目标
提高运球的灵活性与协调性
强度
30 次为 1 组
做 3 组
每组间歇 1 分钟

2 低姿单手运球

动作要点

- 膝盖微微弯曲，身体前倾，降低身体重心，保持稳定。
- 运球手臂弯曲约 90 度，手肘贴近身体，手掌朝下紧贴球面，五指分开。
- 球控制在一只手中，用手指和手掌的力量将球向地面按压，使球反弹的高度控制在膝盖以下。

目标
增强手部球感，加快速度，提升控球能力
强度
20 次为 1 组
做 3 组
每组间歇 1 分钟

练基本功需要坚持，每天 30 分钟比一周打一天管用得多。

3 体前变向换手运球

动作要点

- 双脚与肩同宽，膝盖微屈，降低重心，双手持球置于身前。
- 运球时用手臂和手腕的力量，使球反弹的高度在腰部以下。
- 运球过程中，通过手臂和身体的配合，将球从身体一侧经过前方地面反弹，运到另一只手。

目标

增强球感和身体重心控制能力

强度

10 次为 1 组

做 3 组

每组间歇 2 分钟

运球时把球“吸住”的 4 个要点

1. 手掌略微内收，这样有利于更好地控制球的方向和弹起高度。

2. 运球时手臂和手腕需要放松，用指尖和手臂的力量来控制球的弹跳。

3. 身体需要保持低姿势，膝盖稍微弯曲，这样有利于控制球和保持平衡。

4. 运球时眼睛要注意前方和周围情况，不要总盯着球看，这样有利于及时反应并提高控球能力。

BEEF——提高投篮准确率的秘诀

BEEF 代表着四个重要的投篮要素，它是非常实用的篮球技巧，掌握好这四个要素，可以有效地提高投篮准确率。

1.Balance（保持平衡）：投篮时尽量保持双脚与肩同宽，膝盖稍微弯曲，稳定下半身，这样有利于保持身体平衡，能更好地控制投篮力度和方向。

2. Eyes（眼睛）：在投篮时眼睛要盯紧篮筐，确保视线与眼前的 3 个篮网钩子保持对齐，这样有利于更准确地判断投篮的角度和力度。

3. Elbow（手肘）：投篮时手肘要保持与地面水平，并对准篮筐，不要外张，这样有助于保持投篮的稳定性和连贯性。

4. Follow Through（手随球）：手随球是提高投篮准确率的关键。投篮时要保持手指与球的贴合，同时跟随球的轨迹将手臂伸直。这样可以增大投篮幅度，让球旋转得更好，容易进筐。

满分突破有妙招

提高速度和力量的练习

1 助跑单脚起跳摸高

动作要点

- 双脚前后站立，膝盖微微弯曲，前腿微抬，后腿轻轻蹬地，带动身体向前加速。
- 助跑时，身体要保持低姿势，重心向前倾斜，双臂自然摆动。
- 助跑到达一定速度后，用一只脚踩地，用力蹬地，同时，双臂向上挥动，配合起跳，一只手用力摸向篮筐或篮网。双臂向上挥动能帮助摸得更高。

目标

增强跳跃能力

强度

5 次为 1 组

做 3 组

每组间歇 1 分钟

2 双脚连续起跳打板

动作要点

- 双脚与肩同宽，膝盖微微弯曲，双手持球站在篮板的一侧。
- 用双脚的力量迅速起跳，同时将球投向篮板。
- 落地时立即准备下一次起跳，保持动作的连贯性，尽量缩短两次起跳之间的时间间隔。

扫码看视频

目标

增强球感和身体反应能力

强度

5 次为 1 组

做 4 组

每组间歇 1 分钟

容易出现的失误、错误和调整建议

1 运球时低头不看前方

影响：容易增多失误。

调整建议：增加日常训练的时间和强度，重点提高篮球控球能力，有针对性地训练运球，不要看球。

2 运球失误

影响：容易人球分离，影响成绩。

调整建议：加强运球基本功练习，根据球的运动方向，正确拍按球的不同部位，反复练习拍、拉、变向的运球。

3 未能正确往返三分线

影响：影响成绩。

调整建议：练习时注意场上的三分线标志，加强在三分线之间的往返运球练习，以熟练掌握运球往返三分线。

4 往返不足 4 次

影响：影响成绩。

调整建议：提高自己的控球能力并熟悉篮球场地，考试时不要紧张，注意往返次数。平时要加强考场模拟练习，增强自信心。

超实用满分备考策略

1. 在备考期间，要多练习并熟练掌握篮球的基本技术，包括传球、接球、运球、投篮等，这是取得好成绩的基础。
2. 篮球运动对体能要求很高，因此平时要进行全面的体能训练，包括耐力、速度、力量、敏捷性等，但在考前 3 天左右不要进行强度大的体能训练，避免身体过度疲劳，影响考试。
3. 针对弱点进行有针对性的训练，如投篮命中率、运球稳定性等，增强技术和自信。
4. 多参加模拟练习，模拟真实的考试环境和流程，帮助自己更好地适应考试，同时找出自己的不足和问题，及时进行调整和改进。

考试模拟练习

篮球运球、投篮测试

练习目标

熟悉考试流程

提升自信心

考试现场回放

每组4～5人，考试开始后，按照运球出发一行进间投篮一运球返回三分线的顺序进行考试，考生需完成4套完整动作组合。

考生选择好自己的起点位置，持球站在起点线后，做好考试准备。在听到考试信号后，开始运球，同时计时开始。考生行进间投篮1次将球投进后，自行接球并运球返回三分线，身体触及或越过三分线，再继续完成下一个完整动作组合。考生完成最后1次投篮后，可以自主选择终点，球与人同时通过终点，考试结束。

篮球运球、投篮评分表

分值	九年级	
	男	女
8	30.0	35.0
7.5	32.0	37.0
7	33.5	38.5
6.5	35.0	40.0
6	36.5	41.5
5.5	37.5	42.5
5	38.5	43.5
4.5	39.5	44.5
4	40.0	45.0
3.5	40.5	45.5
3	41.0	46.0
2.5	42.0	47.0
2	43.0	48.0
1.5	44.0	49.0
1	45.0	50.0
0.5	46.0	51.0
0	46.1	51.1

（单位：秒）

注：数据参考《北京市义务教育体育与健康考核评价现场考试项目评分标准（试行）》。

排球：垫球、发球

扫码看视频

垫球动作分解易记忆

垫球手型：叠指法、抱拳法

叠指法

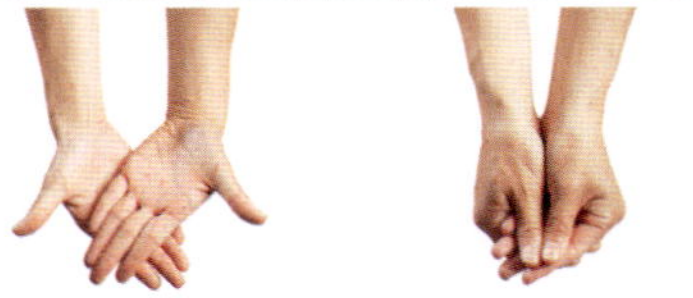

叠指法

双手手指上下互相重叠，手掌和两拇指互相靠拢向前，击球时伸直手臂，手腕下压。

抱拳法

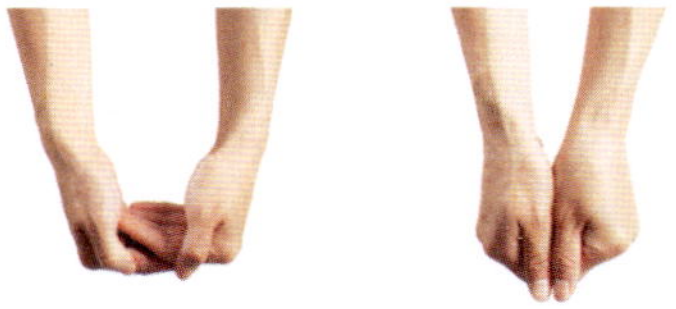

抱拳法

双手抱拳互握，两拇指伸出向前，击球时手腕下压使手臂成一平面。

预备姿势

双脚左右开立比肩稍宽，一脚稍前，双脚尖内收，脚后跟稍提起，膝关节保持一定的弯曲，上身稍前倾，重心靠前，双臂自然弯曲，双手置于体前，两眼注视前方来球，随时准备起动。

正面双手垫球

将球向上抛起，高度约 30 厘米。当球落到腹前位置时，两臂夹紧前伸，插入球下，用双手在腹前将球垫起，连续完成垫自抛球。

Tips

正面双手垫球是双手在腹前垫击来球的一种垫球方法，它是排球运动中最基本和应用最多的垫球方法。正面双手垫球的击球点和击球部位，一般保持在腹前约一臂距离的位置，用手腕上 10 厘米左右的两小臂桡骨内侧构成平面击球。

发球动作分解易记忆（以右手击球为例）

正面上手发球

准备姿势：面对网，双腿前后分立与肩同宽，左脚在前，左手持球放在胸前，重心放在右脚上。

抛球：左手将排球向上抛40～50厘米高，同时右臂向后抬起，身体稍微向右转。

摆臂击球：右脚蹬地，待排球落到合适位置后，摆动右臂并用右手掌用力击球的后下部将球发出。

正面下手发球

准备姿势：面对网，双腿前后分立与肩同宽，左脚在前，两膝微曲，上半身前倾，左手持球放在腹前。

抛球：左手将排球垂直向上抛20～30厘米高，同时右臂伸直向后抬起，身体重心稍微向后移。

摆臂击球：右脚蹬地，由后经下方向前摆动右臂，在右肩前下方腹前用右手掌根击球后下方。

侧面下手发球

准备姿势：左肩对网，双腿分立与肩同宽，左手持球放在腹前。

抛球：左手将排球垂直向上抛20～30厘米高，同时身体向右后方转动，右臂伸直向后抬起，身体重心稍微向后移。

摆臂击球：右脚蹬地，转动身体并顺势摆动右臂，由后经下方向前上方摆动右臂，在腹前用虎口击球后下方。

日常锻炼有计划

类别	锻炼动作	训练组数	训练间歇	训练频率
热身	双手向上伸展 / 体前屈（参见第 53 页、54 页）	20 次 ×2 组	10 秒	—
体能训练	台阶交换跳（参见第 41 页）	50 次 ×3 组	5 分钟	一周 3 次
专项训练	两人配合垫固定球 / 自抛自垫 / 对墙垫球	15 次 ×4 组	1 分钟	一周 3 次
	垫击地反弹球	10 次 ×4 组	1 分钟	一周 3 次
	斜体俯卧撑	15 次 ×3 组	1 分钟	一周 3 次
	波比跳（参见第 161 页）	15 次 ×5 组	3 分钟	一周 3 次
实战测试	排球：垫球、发球	3 组	3 分钟	一周 3 次
放松恢复	双手向身体侧面拉伸 / 侧压腿（参见第 53 页、54 页）	20 秒 ×2 组	10 秒	—

高分秘籍动作库

提高手掌控球能力的家庭练习方法

1. 无球模仿

按照垫球、传球和发球的动作要求，在没有球的情况下练习动作。

2. 垫击吊球

在家中将排球吊在空中，按照垫球、传球和发球的要求调整高度并进行动作练习，熟悉动作和球性。

3. 抛垫球练习

找一块合适的场地，让家人或同学喂球，自己练习正面垫球等动作。

规范手臂触球部位的练习

扫码看视频
（两人配合垫固定球）

1 两人配合垫固定球

动作要点

- 和同学面对面站好，让同学持球于腹前，用垫球动作击球。
- 双臂伸直夹紧成垫球状，蹬腿抬臂协调用力，体会垫球部位和发力感觉。

目标
规范手臂触球部位
强度
15 次为 1 组
做 4 组
每组间歇 1 分钟

2 自抛自垫

动作要点

- 双腿屈膝前后分开站立，自己向上抛球，然后双臂伸直夹紧，插入球下方垫球。
- 垫球高度可以自己设定，用腕关节以上 10 厘米的部位垫球，注意蹬腿抬臂协调用力。

扫码看视频
（自抛自垫）

目标
规范手臂触球部位
强度
15 次为 1 组
做 4 组
每组间歇 1 分钟

增强发球力量的练习

斜体俯卧撑

动作要点

- 身体正面对墙，身体前倾并用双手屈臂撑住墙面，成俯卧撑姿势。
- 用力将身体推离墙面，循环做俯卧撑训练。

目标
增强手臂力量
强度
15 次为 1 组
做 3 组
每组间歇 1 分钟

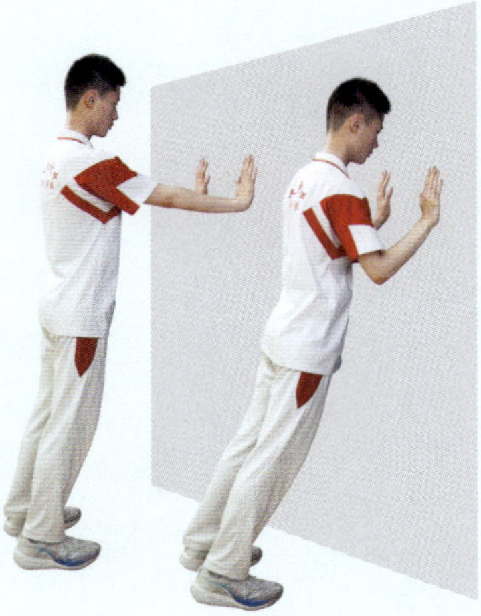

满分突破有妙招

提升身体协调用力的练习

1 垫击地反弹球

动作要点

- 双手持球用力击地，同时快速随球移动，让球保持在身体前上方。
- 待球反弹下落，双臂伸直夹紧，插入球下方垫球。

目标
提升垫球能力
强度
10 次为 1 组
做 4 组
每组间歇 1 分钟

2 对墙垫球

动作要点

- 双腿左右或前后分立，双手持球将球抛向墙面，同时快速随球移动，让球保持在身体正前方。
- 身体前倾，两膝弯曲，双臂伸直夹紧，插入球下方垫球。
- 做到重心低，触球部位准确，控制好垫球力度，移动快、判断准。

目标
提升身体协调性
强度
15 次为 1 组
做 4 组
每组间歇 1 分钟

扫码看视频

超实用满分备考策略

1. 在备考期间，要多练习并熟练掌握排球的基本技术，包括垫球、传球、发球等，这是取得好成绩的基础。
2. 上考场前做好准备活动，如全身关节活动、连续垫球等，让身体进入考试状态。
3. 排球对体能要求较高，平时要进行全面的体能训练，包括速度、力量、敏捷性等，但在考前 3 天左右不要进行强度大的体能训练，避免身体过度疲劳，影响考试。
4. 多参加模拟练习，特别是考前的模拟练习，以熟悉考试环境和流程，帮助自己更好地适应考试。

容易出现的失误、错误和调整建议

1 身体不协调

影响： 容易增加失误，影响成绩。

调整建议： 加强身体锻炼，提高身体各部位的协调性和灵活性，加快反应速度。多根据球的运动方向调整身体姿态。

2 力量大小不一

影响： 容易掉球，影响成绩。

调整建议： 增加日常对墙练习的时间和强度，重点提高对排球在墙和小臂之间来回方向和弹力的感知，逐渐掌握好用力大小。

3 跨出考试区

影响： 影响成绩。

调整建议： 熟悉考试区并提高自己的控球能力和身体协调性，同时要加强考场模拟练习。

4 发球后将球接住或球落地未完成垫球

影响： 影响成绩。

调整建议： 练习时注意正确的发球技术和姿势，掌握好球下落时的轨迹，及时用手正确击球。

5 用正面双手以外的动作垫球，发球时踏及边线、端线或跨进场区

影响： 影响成绩。

调整建议： 平时注意练习正确的发球技术和姿势，掌握好发球力量、方向和准确度，并注意脚下动作。

考试模拟练习

排球垫球、发球测试	**练习目标** 熟悉考试流程 增强自信心

考试现场回放

考生进入考场，选择好自己的位置并做好准备，在规定时间内，先垫球，再发球。

男生网高2.35米，女生网高2.15 米，采用正面双手垫球。每组4~5人，考生听到考试信号后进入考试区，发令后，考生将球抛起开始计时，连续完成垫自抛球。垫球高度不低于排球网高。垫球时，双脚不能踏及间隔区、踏出考试区；球从空中落入得分区计1分，落入间隔区计0.5分；球未落入得分区或间隔区、垫球过网以及考生犯规时，该次垫球计0分。

考生完成垫球后，移动至发球区，开始连续发球；发球成功 1 次计 1 分（球过网后落地时压线算界内）；发球犯规或出现其他失误情形时，该次发球计 0 分。考生提前发完规定数量的球或考试时间到，考试结束。

每完成一个项目考试后，方可进行下一项考试；若考生一开始或者中途放弃一项考试，可以继续参加另一项考试，但是，不能再进行放弃的考试。每名考生只考 1 次，考试无成绩者，只能增加 1 次机会；仍然无成绩者，该项目考试计 0 分。考试中途，考生主动退出考试，计取考生退出时的积分。考试结束后，进行考试积分累计，根据评分标准将积分转化为考试分数。

排球垫球、发球评分表

分值	九年级	
	男	女
8	14.0	14.0
7.5	13.5	13.5
7	13.0	13.0
6.5	12.5	12.5
6	12.0	12.0
5.5	10.5	10.5
5	8.5	8.5
4.5	6.5	6.5
4	6.0	6.0
3.5	5.5	5.5
3	4.0	4.0
2.5	3.5	3.5
2	3.0	3.0
1.5	1.5	1.5
1	1.0	1.0
0.5	0.5	0.5
0	0.0	0.0

（单位：积分）

注：排球考试时间为 60 秒，垫球的球筐和发球的球筐中均提供 11 个球。数据参考《北京市义务教育体育与健康考核评价现场考试项目评分标准（试行）》。

乒乓球：左推右攻、发球

扫码看视频

左推右攻动作分解易记忆（以右手持拍为例）

预备姿势

双脚左右开立，持球拍手的异侧脚稍前站位，双膝微屈并向内扣，含胸收腹，上身略向前倾，前脚掌内侧用力着地，保证快速移动。持拍手臂自然弯曲，肘部略向外张，手腕放松。球拍距腹部右前方20～30厘米。

左推右攻

左推右攻打法的站位是近台中偏左，以近台正手攻球为进攻，以反手推挡为防守和助攻。

发球动作分解易记忆（以右手持拍为例）

预备姿势

身体正面向前站立，保持离球台5～10厘米，双腿膝盖微屈，重心稍降低。左脚在前，右脚在后，重心放在左腿，右小腿绷直站立。双臂自然弯曲，左手持球，右手持拍，眼睛注视着发球点，保持注意力集中。

发球

左手向上抛球，同时右臂内旋，使拍面稍前倾，之后向右后方引拍。当球从高点下降到稍高于球网时，用球拍击球中上部向左前方发力，击球后迅速还原。

日常训练应按照考试要求来练习，第一次发球的落点必须在考生对角半区，第二次发球的落点必须在另一半区，要按照发球落点交替、重复的要求，持续发球。

日常锻炼有计划

类别	锻炼动作	训练组数	训练间歇	训练频率
热身	双手向上伸展 / 体前屈（参见第 53 页、54 页）	20 次 ×2 组	10 秒	—
体能训练	站姿弯举（参见第 151 页）	15 次 ×3 组	1 分钟	一周 3 次
	俯身划船（参见第 151 页）	15 次 ×3 组	1 分钟	一周 3 次
	双臂垂悬（参见第 93 页）	30 次 ×4 组	3 分钟	一周 3 次
专项训练	熟悉球感的练习	30 次 ×5 组	2 分钟	一周 3 次
实战测试	乒乓球：左推右攻、发球	2 组	3 分钟	一周 3 次
放松恢复	双手向身体侧面拉伸 / 侧压腿（参见第 53 页、54 页）	20 秒 ×2 组	10 秒	—

高分秘籍动作库

握球姿势：直拍握法、横拍握法

直拍握法

直拍握法是拍柄正贴在虎口，拇指第一个指关节压在拍肩上，食指的第二个指关节也压在拍肩上，其他手指微微弯曲靠近，在球拍后面。直拍握法是常见的握拍方法，其正手和反手击球的拍面相同，出手快，正手攻球快速有力，适用于各种类型的击球。

趣味小百科

乒乓球的颜色为什么通常是白色或橙色

乒乓球的颜色和图案是由国际乒联规定的，通常是白色或橙色，这样是为了提高球的视觉效果，让选手和观众都能够更好地看清球的位置和运动轨迹。此外，这两种颜色与桌面的绿色或蓝色形成了鲜明的对比，有利于区分球和球桌。

横拍握法

横拍握法是手掌张开，握住拍柄的底部，拇指和食指分别握在球拍的两侧，中指、无名指、小指握在拍柄上面。这种握法有利于近台快速反击，但在某些方向上可能不如直拍握法灵活。

找准击球时机，练习击球

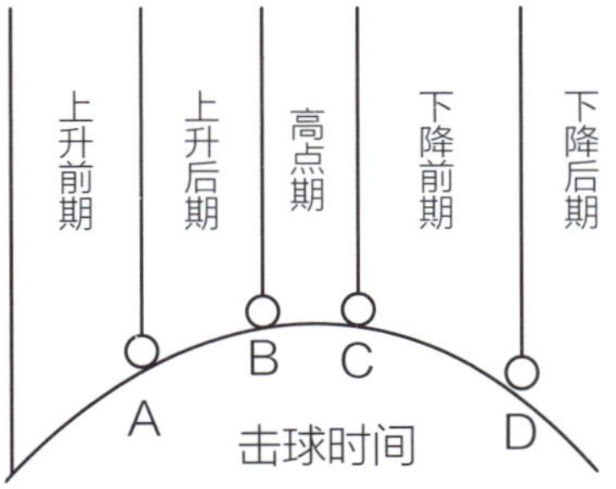

击球时间是指球从自己这边弹起到最高点再下落的过程，可以标记出 A、B、C、D 四个点

A 点前为上升前期，因为比球网还低，速度又快，很难发力，失误也多，不建议在这个时机击球。

B 点前为上升后期，有一定的准备时间，好发力，也好借力，球稳定回落在规定区域的概率也高，是击球最好的时机。

C 点前为高点期，虽然击球可能容易，有更充足的准备时间，但容易吃转，球威力也不大。

D 点前为下降前期，击球时间晚，适合打削球，但考试时不建议在这个点击球。

适合的步伐移动

单步移动

单步移动是以一只脚为轴，另一只脚向前、向后或向侧移动。这种步法是最基本的步法，通常用于短距离移动。

并步移动

人站在球案左侧，并步移动是先迈右脚，然后左脚跟进并步。在击球时，右脚负责发力，左脚支撑。人站右侧则反之。

这种步法简单易学，可以快速侧向移动，是常用的步法之一。

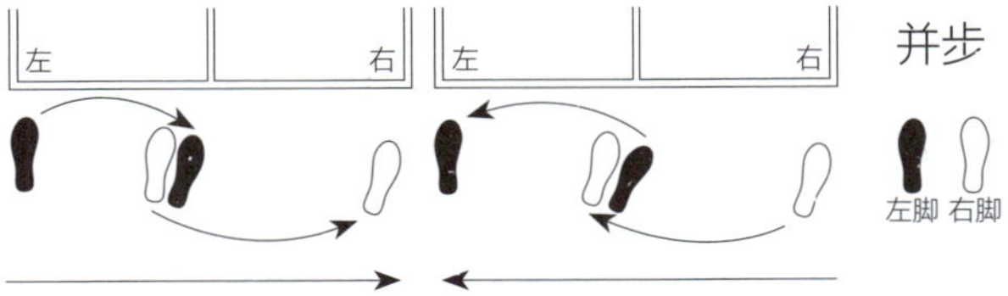

交叉步移动

以人站在球案左侧为例，交叉步移动是先迈右脚，然后左脚从右脚前方或后方交叉而过，同时身体向前或向后移动。这种步法可以快速向前或向后移动，是常用的步法之一。

满分突破有妙招

熟悉球感的练习

熟悉球感的练习

动作要点

- 握拍：正确的握拍是熟悉球感的开始。开始选择直拍（图 1）会好些，但大家也可以根据自己的情况选择横拍（图 2）。
- 托球：将乒乓球放在球拍上托着移动，球不掉下球拍就可以（图 3）。
- 颠球：将乒乓球放在球拍上颠，可以调整角度和速度，球不掉地上就可以（图 4）。
- 对墙练习：对墙站好，一手持球，另一手持拍，和墙面保持 50 厘米左右。持球手将球抛向墙面，待球反弹时，持拍手和身体随球移动，将球再次击向墙面，循环练习（图 5）。

①

②

③

④

⑤

目标

提高击球稳定性

强度

30 次为 1 组

做 5 组

每组间歇 2 分钟

容易出现的失误、错误和调整建议

1	球出界	**影响：**影响成绩。 **调整建议：**增加日常训练的时间和强度，重点练习乒乓球的球感和接球能力。
2	身体不灵活	**影响：**丢球，影响成绩。 **调整建议：**加强身体锻炼，多根据球的运动方向，加快身体各部位反应速度。
3	控制不好力量	**影响：**容易增多失误。 **调整建议：**增加训练强度，注意观察击球后球的运行轨迹和落点，逐渐掌握好用力大小。
4	没有向上抛球或发球时身体越过中线	**影响：**影响成绩。 **调整建议：**谨记发球的规则要求，平时多练习发球技术和姿势，针对容易出现的失误加强练习，形成好的发球习惯。
5	未按交替顺序要求发球，发球擦网或球未触及本方台面	**影响：**当次发球不计数，影响成绩。 **调整建议：**谨记发球的规则要求，平时多练习发球，形成交替顺序发球的习惯，同时提高控球能力，减少失误。
6	未按反手、正手循环击球的顺序要求击球	**影响：**影响成绩。 **调整建议：**平时注意练习反手、正手循环击球的顺序，对不同类型的发球进行不同的回击，灵活运用正手、反手击球技术。
7	击球后的球未落到对面球台	**影响：**影响成绩。 **调整建议：**平时多观察，从不同角度、用不同力量击球后球的不同运行轨迹，并不断调整击球的角度、力度等，使球的运动方向、落点等都在自己的控制下。

考试模拟练习

乒乓球左推右攻、发球测试

练习目标
熟悉考试流程
提高考试成绩

考试现场回放

每组4～5人，考试开始后，在规定时间内，考生按照左推右攻（发球机发球）一发球（考生发球）的顺序进行考试。

每名考生考试1次，如果没有考试成绩，可以再增加1次考试机会；仍然没有成绩的考生，考试计0分。考试中途考生退出考试，计考生退出时的有效次数。考试结束后，两项内容有效次数累计，根据评分标准将累计次数转化为考试分数。

注：乒乓球考试时间为90秒，发球机在35秒内发30个球，击球后，球落在对面台面为有效击球；剩余时间考生发球，发球必须先触及本方台面，后越过球网并触及对面台面，为有效发球，供球数量不限。

超实用满分备考策略

1. 在备考期间，要多练习并熟练掌握乒乓球的基本技术，包括发球、步伐、球感等，这是取得好成绩的基础。
2. 乒乓球对速度、力量、敏捷性等有一定要求，上考场前要做好准备活动，如全身关节活动、伸展等，让身体进入考试状态。
3. 在考前3天左右不要进行强度大的体能训练和运动，避免身体过度疲劳，影响考试。
4. 多参加模拟练习，以熟悉考试环境和流程，帮助自己更好地适应考试。

乒乓球左推右攻、发球评分表

分值	九年级	
	男	女
8	56	56
7.5	52	52
7	48	48
6.5	44	44
6	40	40
5.5	36	36
5	32	32
4.5	28	28
4	24	24
3.5	21	21
3	18	18
2.5	15	15
2	12	12
1.5	9	9
1	6	6
0.5	3	3
0	2	2

（单位：次）

注：数据参考《北京市义务教育体育与健康考核评价现场考试项目评分标准（试行）》。

羽毛球：正反手挑球、发高远球

扫码看视频

动作分解易记忆（以右手持拍为例）

正手挑球

双脚分开与肩同宽，身体微微前倾，正手握拍举在胸前，右脚向前跨出一大步，左脚在后，侧身向前，重心在右脚。

右臂向后摆，同时伸腕使球拍后引，之后以肘关节为轴，屈臂内旋，握紧球拍用食指及手腕的力量将球向前上方击出。

反手挑球

双脚开立，右脚向前方（也可向左前方）跨出一大步，重心放在右脚上，左脚在后，反手握拍举在胸前。

右肩向球网，屈肘引拍至左肩 ，之后以肘关节为轴，握拍经体前由下往上，用拇指第一指节压住拍柄的宽面，用力将来球击出。

正手发高远球

双脚前后开立，左脚在前，脚尖向右，右脚在后，重心位于右脚，侧身对网。左手持球并抬到胸部前方，右手握拍，举于身体右后侧。

发球时左手自然将球松开，然后转动身体，右手从后向前，由下而上击球。击球时击球点在身体的右前下方，大臂带动小臂内旋，用正拍面将球击出。

日常锻炼有计划

类别	锻炼动作	训练组数	训练间歇	训练频率
热身	双手向上伸展 / 体前屈（参见第 53 页、54 页）	20 次 ×2 组	10 秒	—
体能训练	站姿弯举	15 次 ×3 组	1 分钟	一周 3 次
	俯身划船	15 次 ×3 组	1 分钟	一周 3 次
	双臂垂悬（参见第 93 页）	30 次 ×4 组	3 分钟	一周 3 次
专项训练	颠吊球 / 正手小幅度颠球	30 次 ×3 组	1 分钟	一周 3 次
	走动颠球	50 次 ×3 组	1 分钟	一周 3 次
	对墙挥拍	30 次 ×5 组	2 分钟	一周 3 次
	发球	15 次 ×3 组	1 分钟	一周 3 次
实战测试	羽毛球：正反手挑球、发高远球	2 组	3 分钟	一周 3 次
放松恢复	双手向身体侧面拉伸 / 侧压腿（参见第 53 页、54 页）	20 秒 ×2 组	10 秒	—

高分秘籍动作库

握拍姿势之正手握拍和反手握拍

正手握拍

大拇指和食指用力握住拍柄，食指微微向前，其他手指紧挨并握。

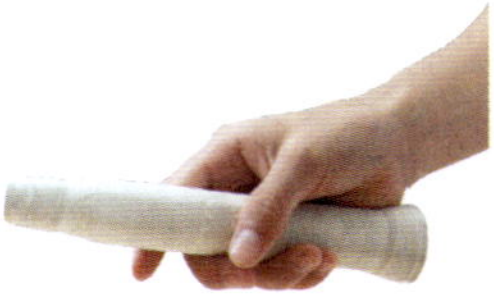

反手握拍

拇指靠在拍柄上，其他四个手指在下方。

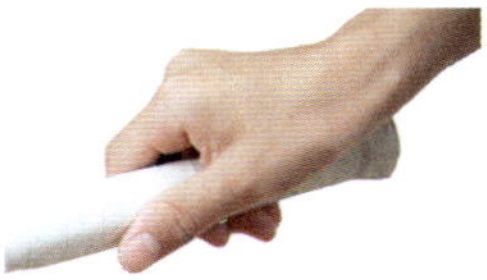

趣味小百科

羽毛球上有多少根羽毛

一枚标准的羽毛球有 16 根羽毛，历史上也曾有过 14、15 根羽毛的羽毛球，但最后发现，16 根羽毛既能保证羽毛球平稳飞行，又能保持羽毛间隙合适的数量。

提高上肢力量的练习

1 站姿弯举

动作要点

- 双脚与肩同宽站好，双手持哑铃，掌心向前，手臂自然下垂。
- 弯曲肘部，将哑铃向上举起，直到肩部高度，再将哑铃慢慢放下，回到初始位置。

目标

提高上肢力量

强度

15 次为 1 组

做 3 组

每组间歇 1 分钟

2 俯身划船

动作要点

- 双脚与肩同宽，膝盖略微弯曲，上身前倾，臀部向后，双手各持哑铃自然下垂，弯腰并确保背部挺直。
- 弯曲肘部，将哑铃向上拉起到腰部高度，然后将哑铃慢慢放下，回到初始位置。

目标

提高上肢和背部力量

强度

15 次为 1 组

做 3 组

每组间歇 1 分钟

对墙练习击球技巧

对墙挥拍

动作要点

- 面对墙壁，持拍将羽毛球打向墙壁，让球反弹回来，再次击球。反复循环。
- 击球时可以用正、反手交替握拍练习。
- 用小臂摆动和手腕扣腕时的力量来击球。

目标

提高击球能力

加强对球的控制

强度

30 次为 1 组

做 5 组

每组间歇 2 分钟

满分突破有妙招

颠球由易到难三部曲

1 颠吊球

动作要点

将羽毛球用细绳吊起来，然后用球拍不停地颠球。

目标

练习发力，增强球感

强度

30 次为 1 组

做 3 组

每组间歇 1 分钟

2 正手小幅度颠球

动作要点

用正手握拍法，将球连续击出，控制拍面及击球力度，以免球落地。

目标

练习发力，增强对球的控制

强度

30 次为 1 组

做 3 组

每组间歇 1 分钟

3 走动颠球

动作要点

在熟悉颠球后，再通过前后左右不停地走动进行颠球，根据自己的掌握情况提高颠球难度。

目标

提高身体协调能力

增强对球的控制

强度

50 次为 1 组

做 3 组

每组间歇 1 分钟

容易出现的失误、错误和调整建议

1 发球、击球出界	**影响：**影响成绩。 **调整建议：**增加日常训练的时间和强度，训练时有针对性地提高击球和接球难度，并观察球的落点。
2 丢球	**影响：**影响成绩。 **调整建议：**加强身体锻炼，特别是身体的协调性和灵活性，根据球的运行方向，快速回击。
3 控制不好力量或球未越过隔挡网	**影响：**容易增多失误，影响成绩。 **调整建议：**增加日常训练的时间和强度，重点观察击球后球的运行轨迹和落点，通过不断练习，逐渐掌握好用力大小。
4 发球时脚触及发球线或中线	**影响：**影响成绩。 **调整建议：**谨记发球的规则要求，平时多练习脚下动作和技术，针对容易出现的失误加强练习，练出好的发球习惯。
5 发球时球未发至对角线区域或得分区	**影响：**影响成绩。 **调整建议：**平时发球时多注意对角线区域和得分区，掌握好发球力量、方向和准确度，不熟练的动作技术要加强练习。
6 未使用正反手挑球动作	**影响：**影响成绩。 **调整建议：**平时注意练习正手、反手循环挑球动作，并对不同类型的发球进行灵活回击。

考试模拟练习

羽毛球正反手挑球、发高远球测试

练习目标

熟悉考试流程

提高考试成绩

考试现场回放

考试开始后，在规定时间内，同一名考生在同一场地按照羽毛球正反手挑球一发球的顺序进行考试。考生先开始正反手挑球考试，完成正反手挑球考试后，方可进行发球考试。如果考生一开始或者中途放弃正反手挑球考试，还可以继续参加发球考试，但不能再进行正反手挑球考试。

每名考生考试1次，如果没有考试成绩，可以再增加1次考试机会；仍然没有成绩的考生，考试计0分。考试中途考生退出考试，计考生退出时的有效积分。考试结束后，两项内容考试积分累计，根据评分标准将累计积分转化为考试分数。

超实用满分备考策略

1. 在备考期间，要多练习并熟练掌握羽毛球的基本技术，包括发球、步伐、球感等，这是取得好成绩的基础。
2. 在考前3天左右不要进行强度大的体能训练和运动，避免身体过度疲劳，影响考试。
3. 多参加模拟练习，特别是考前的模拟练习，以熟悉考试环境和流程，特别是考场上的各种标志和器材，增强信心并减少失误，帮助自己更好地适应并考出好成绩。
4. 考试当天做好各项准备，如穿着舒适、饮食卫生，心情不要过于紧张等。

羽毛球正反手挑球、发高远球评分表

分值	九年级	
	男	女
8	20.0	18.0
7.5	19.0	17.0
7	18.0	16.0
6.5	17.0	15.0
6	16.0	14.0
5.5	15.0	13.0
5	14.0	12.0
4.5	13.0	11.0
4	12.0	10.0
3.5	11.0	9.0
3	10.0	8.0
2.5	9.0	7.0
2	7.0	6.0
1.5	5.0	5.0
1	3.0	3.0
0.5	1.0	1.0
0	0.0	0.0

（单位：积分）

注：羽毛球考试时间为90秒，发球机在45秒内发15个球，剩余时间考生发球，供球数量不限。数据参考《北京市义务教育体育与健康考核评价现场考试项目评分标准（试行）》。

第六章

体操类项目怎么提分

双杠组合（男）

扫码看视频

动作分解易记忆

杠端跳上成分腿坐、前进一次成分腿坐

身体面向双杠一端站立，双手握杠，跳起后成直臂撑杠，双腿顺势向前摆，当双腿超过杠面后迅速分腿，然后以大腿内侧触杠成分腿坐。

双手推杠让身体向前上方挺起，同时双腿弹杠成跨杠姿势，上身前倾，双手体前稍远撑杠，双腿弹杠后摆进杠，然后支撑前摆成分腿坐。

弹杠举腿进杠，支撑后摆转体 180 度成分腿坐

从分腿坐开始，双手撑杠，双腿弹杠并拢，后摆进杠支撑摆动，当腿后摆高于杠面后，含胸顶肩稍前倾，用腿带动髋转体 180 度，同时分腿成剪绞动作，双手依次推杠换握于体后撑杠，然后支撑成分腿坐。

弹杠进杠前摆下

双手撑杠，双腿弹杠并拢进杠，然后支撑后摆，当前摆过杠面后，迅速向右前上方摆腿，让身体重心向右侧落地方向移，当前摆近最高点时，双腿迅速越过右杠，同时用力顶肩推手换握杠，挺身跳下，落地缓冲。

日常锻炼有计划

类别	锻炼动作	训练组数	训练间歇	训练频率
热身	双手向上伸展 / 体前屈 / 侧压腿（参见第 53 页、54 页）	20 次 ×2 组	10 秒	—
专项训练	双杠臂屈伸	10 次 ×2 组	2 分钟	一周 3 次
	俯卧背起（参见第 87 页）	15 次 ×3 组	1 分钟	一周 3 次
	双杠直臂支撑	1 分钟 ×5 次	2 分钟	一周 3 次
	双杠上支撑行走	2 次 ×3 组	3 分钟	一周 3 次
实战测试	双杠组合（男）	3 次 ×3 组	4 分钟	一周 3 次
放松恢复	双手向身体侧面拉伸 / 侧压腿（参见第 53 页、54 页）	20 秒 ×2 组	10 秒	—

高分秘籍动作库

支撑能力最关键

1 双杠臂屈伸

动作要点

- 身体面向双杠端站立，双手握杠，跳起后成直臂支撑，头正挺胸、顶肩，然后保持静止状态。
- 双臂开始弯曲，直到大小臂夹角≤ 90 度或肩低于肘。
- 双臂用力推杠，完成双杠臂屈伸动作。

目标
增强上肢力量
强度
10 次为 1 组
做 2 组
每组间歇 2 分钟

2 双杠直臂支撑

动作要点

双手分别握住杠，双脚同时向上蹬离地面，再用手臂直臂支撑将身体立直，停 1 分钟左右再回到原位。

目标
增强上肢力量
强度
1 分钟为 1 次
做 5 次
每次间歇 2 分钟

满分突破有妙招

双杠上支撑行走

动作要点

- 双手分别握住杠，同时双脚向上蹬离地面，用手臂支撑起身体。
- 双手交替在双杠上前行，到另一端时跳下。

目标
提高上肢力量
强度
2 次为 1 组
做 3 组
每组间歇 3 分钟

容易出现的失误、错误和调整建议

1 支撑摆动幅度小

影响：影响成绩。

调整建议：在练习时可请老师帮忙训练和指正，同时加强上肢肌肉锻炼，增强力量和用力的协调性。

2 转体不到位

影响：影响成绩。

调整建议：加强以髋带腿的转体、剪绞等动作训练，同时可以通过观看动作示范与讲解视频掌握转体动作要领。

3 推手换握时机不当

影响：容易增多失误，影响成绩。

调整建议：增加双手换握顺序的训练，多观察老师和优秀同学的示范，加强自己对动作的理解，重点练习推手、换握的时机，可以先慢速练习，待熟练后再加快速度，之后再配合其他动作进行训练。

4 动作吃力姿势差

影响：影响成绩。

调整建议：平时注意加强上肢及腰腹肌肉锻炼，增强这些部位的力量，同时在练习时要克服恐惧心理，可以让老师或同学等帮助练习。

5 动作生硬或不连贯

影响：影响成绩。

调整建议：平时要加强动作练习，特别是不熟练的动作更要加强，同时增强自信心，考试时随时调整好心态。

考试模拟练习

双杠组合（男）测试

练习目标
熟悉考试流程
提高考试成绩

考试现场回放

考生进入考试场地，面向考务员，做好准备后举起右手示意可以开始。在计时开始后，考生按照杠端跳上成分腿坐—前进一次成分腿坐—弹杠举腿进杠—支撑后摆转体180度成分腿坐—弹杠进杠前摆下的顺序完成考试。在完成考试后，面向考务员立正示意，考试结束。

每名考生需要在60秒内完成考试。考试成绩是由考生完成的动作质量和动作表现决定的，完成相应动作就会得到相应的分值。如出现动作遗漏或错误，考生可以继续考试，但要视次数扣除相应动作的分值和动作表现分数。每名考生有两次考试机会，计取好的成绩。

超实用满分备考策略

1. 在备考期间，要多练习并熟练掌握双杠组合的动作和技术，如杠端跳上成分腿坐、弹杠举腿进杠等，这是取得好成绩的基础。
2. 双杠组合动作对力量、敏捷性等有较高要求，备考期间要做好体能和专项训练，这样在考场上才能减少失误，考出好成绩。
3. 在考前3天左右不要进行强度大的体能训练和运动，避免身体过度疲劳或受伤，影响考试。

九年级 双杠组合（男）评分表

分值	项目
1	杠端跳上成分腿坐
1	前进一次成分腿坐
1	弹杠举腿进杠
1	支撑后摆转体180度成分腿坐
1	弹杠进杠前摆下
1	60秒内完成考试；动作遗漏和错误累计不超过1次；态度认真；整套动作连贯、有节奏；开始、结束动作规范

（总分为6分）

注：数据参考《北京市义务教育体育与健康考核评价现场考试项目评分标准（试行）》。

双杠组合（女）

扫码看视频

动作分解易记忆

杠端跳上成分腿坐

身体面向双杠一端站立，双手握杠，跳起后成直臂撑杠，双腿顺势向前摆，当双腿超过杠面后迅速分腿，然后以大腿内侧触杠成分腿坐。

前进一次，成外侧坐

从分腿坐开始，双手推杠让身体向前上方挺起，同时双腿弹杠成跨杠姿势，上身前倾，双手体前稍远撑杠，双腿弹杠后摆进杠，然后支撑前摆至臀部过杠面后迅速左手推杠，让身体重心移到右侧杠上，双腿出杠，左腿弯曲坐于杠上，右腿伸直，右手上举，上身挺直，成右外侧坐（根据个人习惯，外侧坐可自行选择向左或向右，这里以向右为例）。

转体 180 度成分腿坐

以左手为支撑，身体左转，右手向下握住左杠。双手撑左杠，臀部离杠，右腿摆动越过左杠，带动髋关节顺势转体 180 度，左手换杠，双手向体后支撑成分腿坐。

弹杠进杠前摆下

双手撑杠，双腿弹杠并拢进杠，然后支撑后摆，当前摆过杠面后，迅速向右前上方摆腿，让身体重心向右侧落地方向移，当前摆近最高点时，双腿迅速越过右杠，同时用力顶肩推手，挺身跳下，落地缓冲。

日常锻炼有计划

类别	锻炼动作	训练组数	训练间歇	训练频率
热身	双手向上伸展 / 体前屈 / 侧压腿（参见第 53 页、54 页）	20 次 ×2 组	10 秒	—
专项训练	波比跳	15 次 ×5 组	4 分钟	一周 3 次
	屈腿俯卧撑	15 次 ×3 组	4 分钟	一周 3 次
实战测试	双杠组合（女）	3 次 ×3 组	4 分钟	一周 3 次
放松恢复	双手向身体侧面拉伸 / 侧压腿（参见第 53 页、54 页）	20 秒 ×2 组	10 秒	—

高分秘籍动作库

1 波比跳

动作要点

- 双手撑地，双脚并拢，腹部、背部、腰部、臀部收紧，成俯卧撑姿势。
- 完成一次俯卧撑后，迅速将双脚蹬地成蹲撑状态，然后向上跳跃，落地后成深蹲姿势，之后再循环训练。

目标

增强手臂力量

提高动作速度

强度

15 次为 1 组

做 5 组

每组间歇 4 分钟

2 屈腿俯卧撑

动作要点

- 膝盖跪地，俯身两手撑地，双脚交叉抬起，保持腰腹核心稳定，不要塌腰。
- 手肘夹住身体，曲手肘下降上半身。不强求能下降多少，根据自己的实际情况选择高度。
- 当下降到大臂与地面平行，也就是小臂垂直垫子，大小臂夹角 90 度时为最低。稳定肩胛骨，感受胸肌力量的启动，然后伸臂起身还原。

目标

增强手臂、核心力量

提高动作速度

强度

15 次为 1 组

做 3 组

每组间歇 4 分钟

满分突破有妙招

锻炼上肢力量很关键

要想双杠组合的成绩好，上肢力量的锻炼不可少。本书中有如下增强上肢肌力的动作可以作为参照。

俯卧撑（参见第52页）

站姿弹力带快拉（参见第88页）

站姿弯举、双臂悬垂（参见第 93 页）

低单杠上的斜身引体、弹力带辅助引体向上（参见第 94 页）

仰卧支撑（参见第98页）

哑铃颈后臂屈伸、哑铃侧平举（参见第 103 页）

交替哑铃弯举、哑铃跨步蹲（参见第 104 页）

双杠支撑前进、三点支撑爬行（参见第 105 页）

立卧撑（参见第 125 页）

斜体俯卧撑（参见第139页）

站姿弯举、俯身划船（参见第 151 页）

双杠臂屈伸、双杠直臂支撑、双杠上支撑行走（参见第 157 页）

容易出现的失误、错误和调整建议

1 摆动幅度小或不出杠面	**影响：** 影响成绩。 **调整建议：** 在练习时可请老师帮忙训练和指正，同时加强上肢及腰腹肌肉锻炼，增强力量和用力的协调性。
2 转体不到位	**影响：** 影响成绩。 **调整建议：** 加强以髋带腿的转体、剪绞等动作训练，同时可以通过观看动作示范与讲解视频掌握转体动作要领。
3 推手换握时机不当	**影响：** 容易增多失误，影响成绩。 **调整建议：** 增加双手换握顺序的训练，多观察老师和优秀同学的示范，加强自己对动作的理解，重点练习推手、换握的时机，可以先慢速练习，待熟练后再加快速度，之后再配合其他动作进行练习。
4 动作吃力姿势差	**影响：** 影响成绩。 **调整建议：** 平时注意加强上肢及腰腹肌肉锻炼，增强这些部位的力量，同时在练习时要克服恐惧心理，可以让老师或同学等帮助练习。
5 动作遗漏	**影响：** 影响成绩。 **调整建议：** 在熟练掌握单个动作后，对双杠组合考试的动作顺序多练习，同时要牢记于心。
6 动作生硬或不连贯	**影响：** 影响成绩。 **调整建议：** 平时要加强动作练习，特别是不熟练的动作更要加强，同时增强自信心，考试时随时调整好心态。

考试模拟练习

双杠组合（女）测试

练习目标
熟悉考试流程
提高考试成绩

考试现场回放

考生进入考试场地，面向考务员，做好准备后举起右手示意可以开始。在计时开始后，考生按照杠端跳上成分腿坐—前进一次—成外侧坐—转体180度成分腿坐—弹杠进杠前摆下的顺序完成考试。在完成考试后，面向考务员立正示意，考试结束。

每名考生需要在60秒内完成考试。考试成绩是由考生完成的动作质量和动作表现决定的，完成相应动作就会得到相应的分值。如出现动作遗漏或错误，考生可以继续考试，但要视次数扣除相应动作的分值和动作表现分数。每名考生有两次考试机会，计取好的成绩。

九年级 双杠组合（女）评分表

分值	项目
1	杠端跳上成分腿坐
1	前进一次
1	成外侧坐
1	转体180度成分腿坐
1	弹杠进杠前摆下
1	60秒内完成考试；动作遗漏和错误累计不超过1次；态度认真；整套动作连贯、有节奏；开始、结束动作规范

（总分为6分）

注：数据参考《北京市义务教育体育与健康考核评价现场考试项目评分标准（试行）》。

超实用满分备考策略

1. 在备考期间，要多练习并熟练掌握双杠组合的动作和技术，这是取得好成绩的基础。
2. 在考前3天左右不要进行强度大的体能训练和运动，避免身体过度疲劳或受伤，影响考试。
3. 多参加模拟练习，特别是考前的模拟练习，以熟悉考试环境和流程，特别是考场双杠的摩擦力和弹性，增强信心，帮助自己考出好成绩。

技巧组合

扫码看视频

技巧组合的考试中，男生和女生仅在第一个动作中有些不同，因此放在同一个小节来讲述。

动作分解易记忆

男生鱼跃前滚翻、女生前滚翻

男生鱼跃前滚翻：身体直立做好准备，然后半蹲，双臂由后向前方摆起，同时双脚蹬地，身体向前跃起，双手撑垫的同时迅速屈臂、低头，团身向前滚翻。前滚翻时，后脑、肩、背、臀部依次着垫，之后抱小腿团身成蹲立。

女生前滚翻：身体直立做好准备，然后下蹲成蹲撑，接着双腿蹬直，同时提臀收腹、低头和屈臂，团身向前滚翻。前滚翻时，后脑、肩、背、臀部依次着地，之后抱小腿团身成蹲立。

男生、女生交叉转体 180 度

前滚翻在背部着垫时，两小腿成交叉腿，保持团身，滚至蹲立提踵，以前脚掌为轴向左或右转体 180 度成蹲立。

男生、女生后滚成肩肘倒立

背朝滚翻方向成蹲立，身体后倒，双腿向上抬起，双臂压垫时腿向上伸，然后屈肘内收，双手撑住腰上部，接着伸髋、挺腹，脚绷直向上，用肩颈和手臂支撑地面成肩肘倒立。

男生、女生前滚成蹲立、挺身跳

从肩肘倒立开始，双手放下，低头团身向前滚翻成蹲立。双手和双脚同时用力挺身跳起，过程中双臂向后上方、双腿向后下方用力展开，然后落地缓冲。

日常锻炼有计划

类别	锻炼动作	训练组数	训练间歇	训练频率
热身	双手向上伸展 / 体前屈 / 侧压腿（参见第 53 页、54 页）	20 次 ×2 组	10 秒	—
专项训练	肩肘倒立	15 次 ×3 组	3 分钟	一周 3 次
	倒爬墙	20 秒 ×3 组	4 分钟	一周 3 次
	正压腿（参见第 111 页）	10 次 ×3 组	3 分钟	一周 3 次
	两头起（参见第 75 页）	15 次 ×3 组	2 分钟	一周 3 次
	后脚向后移动的纵叉 / 右脚向右移动的横叉	3 次 ×3 组	1 分钟	一周 3 次
	屈腿两头起	20 次 ×3 组	2 分钟	一周 3 次
	站姿伸臂弯腰	5 次 ×3 组	2 分钟	一周 3 次
实战测试	技巧组合	6 次 ×3 组	3 分钟	一周 3 次
放松恢复	双手向身体侧面拉伸 / 侧压腿（参见第 53 页、54 页）	20 秒 ×2 组	10 秒	—

高分秘籍动作库

提高腿部柔韧性的练习

1 后脚向后移动的纵叉

动作要点

身体成弓箭步站立，双手扶在前腿大腿或膝关节上，后脚向后明显移动，逐渐加大纵劈幅度，双手可以撑地，直到最大限度。

目标

拉伸腿部韧带

加大动作的幅度

强度

3 次为 1 组

做 3 次

每组间歇 1 分钟

2 右脚向右移动的横叉

动作要点

双腿左右分开站立，双手各扶住双腿膝关节，右脚向右侧明显移动，随着横劈幅度增大，双手开始撑地，直到最大限度。

目标
拉伸腿部韧带
加大动作的幅度
强度
3 次为 1 组
做 3 组
每组间歇 1 分钟

提升腰腹力量的练习

屈腿两头起

动作要点

- 身体仰卧在垫上，双腿伸直并拢，双臂伸直放在头两侧。
- 双手和上身向上抬起，同时双腿也屈膝上抬，双手向前与地面基本平行，之后再回到原位循环训练。

目标
增强腰腹力量
提高动作控制能力
强度
20 次为 1 组
做 3 组
每组间歇 2 分钟

满分突破有妙招

1 肩肘倒立

目标
更好地完成肩肘倒立动作
强度
15 次为 1 组
做 3 组
每组间歇 3 分钟

动作要点

- 开始时不能独立完成肩肘倒立，可让家人或同学帮助自己完成。
- 坐在垫子上，身体向后倒，接着双手扶地，双脚向上伸，接着迅速将双手撑在腰部，并用力夹肘让双肘和后颈支撑地面。在这个过程中家人或同学可以根据动作状况适时提供帮助，直至能自己完成动作。

2 倒爬墙

动作要点

练习倒立可以先从倒爬墙开始。双脚贴墙，双手支撑地面，接着双手后推的同时脚也向上移动，最后双脚达到极限即可。完成对墙倒立后，要尽量让身体挺直。

目标
学会倒立动作，获得支撑力量
强度
20 秒为 1 组
做 3 组
每组间歇 4 分钟

3 站姿伸臂弯腰

目标
拉伸腿部韧带，加大动作的幅度
强度
5 次为 1 组
做 3 组
每组间歇 2 分钟

动作要点

站立，手臂向上伸展，双手十指相扣，掌心向外；身体缓慢向前弯曲，当上半身与下半身成直角的时候，停住并保持该姿势，进行 3 次呼吸，然后身体慢慢恢复直立姿势。

容易出现的失误、错误和调整建议

1 身体出垫

影响：影响成绩。
调整建议：在练习时可请同学帮忙训练和指正，注意双手用力、屈臂程度的均匀和身体重心的变化，让身体在垫子上保持正确方位，不出垫。

2 转体不到位

影响：影响成绩。
调整建议：多观看动作示范与讲解视频，加强双腿交叉转体练习，可以从慢到快，熟练掌握转体动作要领。

3 倒立无静止动作

影响：影响成绩。
调整建议：加强上肢及腰腹肌肉锻炼，增强力量和动作的准确性，同时请老师或同学帮忙训练，在正确的动作下增加倒立时间。

4 落地不稳或双脚落地区域有较大差异

影响：影响成绩。
调整建议：多进行近距离的起跳落地动作训练，手臂的摆动要协调配合，可以在地面设置标志，双脚有意识地踩踏标志。

5 动作遗漏

影响：影响成绩。
调整建议：在熟练掌握单个动作后，多进行考试组合动作顺序练习，同时要牢记于心。

6 动作僵硬或不连贯

影响：影响成绩。
调整建议：平时要加强动作练习，特别是不熟练的动作更要加强，待熟练后再加快速度和连贯性，同时要增强自信心，调整好考试时的心态。

考试模拟练习

技巧组合测试

练习目标
熟悉考试流程
提高考试成绩

考试现场回放

考生进入考试场地，面向考务员，做好准备后举起右手示意可以开始。在计时开始后，考生按照鱼跃前滚翻（男）/ 前滚翻（女）—交叉转体 180 度—后滚成肩肘倒立—前滚成蹲立—挺身跳的顺序完成考试。在完成考试后，面向考务员立正示意，考试结束。

每名考生需要在 60 秒内完成考试。考试成绩是由考生完成的动作质量和动作表现决定的，完成相应动作就会得到相应的分值。如出现动作遗漏或错误，考生可以继续考试，但要视次数扣除相应动作的分值和动作表现分数。每名考生有两次考试机会，计取好的成绩。

超实用满分备考策略

1. 在备考期间，要多练习并熟练掌握技巧组合的动作和技术，如前滚翻、转体、倒立等，这是取得好成绩的基础。
2. 在考前 3 天左右不要进行强度大的体能训练和运动，避免身体过度疲劳或受伤，影响考试。
3. 多参加模拟练习，尤其是考前的模拟练习，以熟悉考试环境和流程，增强信心，帮助自己考出好成绩。

九年级技巧组合评分表

分值	项目
1	鱼跃前滚翻（男）/ 前滚翻（女）
1	交叉转体 180 度
1	后滚成肩肘倒立
1	前滚成蹲立
1	挺身跳
1	60 秒内完成考试；动作遗漏和错误累计不超过 1 次；态度认真；整套动作连贯、有节奏；开始、结束动作规范

（总分为 6 分）

注：数据参考《北京市义务教育体育与健康考核评价现场考试项目评分标准（试行）》。

第七章

民族传统体育项目怎么提分

健身长拳

扫码看视频

动作分解易记忆

起势

动作要点

- 身体直立，双脚并拢，然后左掌右拳在胸前相合成抱拳礼，目视前方（图1），之后双手握拳迅速收回腰间，拳心向上，头转向左边（图2）。

开步双劈

动作要点

- 左脚向左开步，双拳于小腹前交错，右拳在上，目视右手（图3），同时双臂立圆抡转，经头上向左右快速劈至与肩平，头向右转，目视右手（图4）。

按掌前推

动作要点

- 左脚向左侧上一步成半马步，接着身体左转，左拳变掌下按，掌心向下，右拳屈肘收至右腰间（图5），之后右拳变掌再快速推出，左掌随之屈肘收在右肘下方，右腿蹬直变左弓步（图6）。

搂手勾踢

动作要点

- 左掌向下经左侧上摆至头上成架掌，右掌内收向下搂出成勾手，同时左腿蹬地站起，右脚勾脚尖快速向左上方勾踢，目视前方（图 7）。

7

缠腕斩拳

动作要点

- 右腿屈膝上提，右勾手变掌后快速旋转上摆于胸前，左掌下落至右手腕上（图 8），接着身体向右转，右脚向右后撤步震脚，右手收腰，目视右拳，同时左脚掌随右脚内侧点地（图 9），然后左脚侧上一步双腿站直，双臂用力后拉，右拳至腰间，左掌变拳向左直臂侧斩至与肩平，头向左转，目视左拳（图 10）。

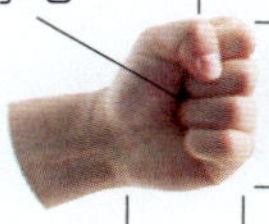

8

9

10

闪身冲拳

动作要点

- 身体右转，重心移至左腿，右脚后跟虚起成虚步，同时上身左闪，左拳变掌向右推挡，目视左掌（图 11），接着左腿蹬地，右脚上步成弓步，右拳向前冲出，左掌变拳屈肘收至腰间，目视右拳（图 12），最后上身向右拧转，左拳向右冲出，右拳随之屈肘收至腰间，目视左拳（图 13）。

11

12

13

弹踢穿顶

动作要点

- 以右脚掌为轴，身体向左后方拧转，左拳变勾手搂至身后，左腿绷脚尖向前弹踢，视线随身体转向前方（图 14），接着左脚向前落地成弓步，右拳变掌向前穿出，掌心向上，身体重心前移（图 15），右脚向前在左脚内侧震踏（图 16），最后右脚蹬地，左脚向前上步成马步，左勾手变拳经下方屈臂顶肘，右掌内旋屈臂收至胸前，目视顶肘方向（图 17）。

掼拳戳脚

动作要点

- 左脚向左活步，脚尖朝前，身体向左侧闪，同时双手变掌下摆（图 18），之后右掌外旋变拳向内横击，左掌随之相合于右臂前，右脚经脚后跟擦地向前推出，身体向左转，右脚以脚底向下钉踢，右拳屈臂下挡，左掌向上架于头顶左侧，目视右前方（图 19）。

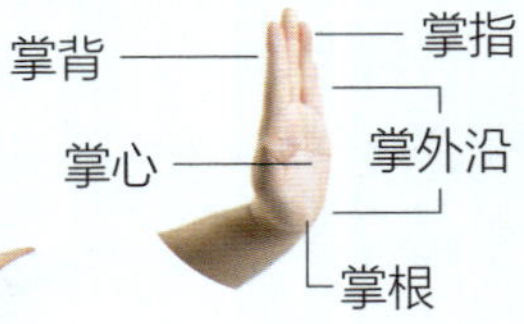

闪身砍推

动作要点

- 以左脚掌为轴，身体向右转，右腿屈膝上提，左掌外旋横砍，同时右拳屈肘收至腰间，目视左掌（图 20），接着右脚向前落地成弓步，左掌变勾手直臂搂摆至身后，右拳变掌向前推出，目视右掌（图 21）。

收势

动作要点

- 左脚向右脚靠拢成并步，双腿随之挺膝立起，同时左勾手变掌，右掌变拳，接着在胸前相合成抱拳礼，目视前方（图22），之后左掌变拳，双拳同时屈肘收至腰间，头向左转，目视左方（图23）。

22

23

日常锻炼有计划

类别	锻炼动作	训练组数	训练间歇	训练频率
热身	双手向上伸展 / 体前屈 / 侧压腿（参见第 53 页、54 页）	20 次 ×2 组	10 秒	—
专项训练	正压腿（参见第 111 页）/ 仆步压腿 / 正踢腿	20 次 ×4 组	1 分钟	一周 3 次
	站姿双腿拉伸（参见第 110 页）	30 秒 ×3 组	30 秒	一周 3 次
	甩腰 / 涮腰	15 次 ×3 组	1 分钟	一周 3 次
	压肩 / 双臂环绕	15 次 ×3 组	1 分钟	一周 3 次
实战测试	健身长拳	2 次	4 分钟	一周 3 次
放松恢复	双手向身体侧面拉伸 / 侧压腿（参见第 53 页、54 页）	20 秒 ×2 组	10 秒	—

高分秘籍动作库

柔韧性之腿功：高分关键

1 仆步压腿

动作要点

右腿屈膝全蹲，全脚着地，左腿向左侧伸直，脚尖内扣，同时腰背挺直，右手扶右膝盖，左手扶左脚踝，成左仆步，然后做压腿动作。左右仆步压腿交替进行。

目标
拉伸腿部韧带
强度
20 次为 1 组
做 4 组
每组间歇 1 分钟

2 正踢腿

动作要点

身体挺立，双臂向两侧伸直，双手手掌直立或握拳，双脚交替向上踢腿并勾脚，踢腿幅度越高越好。

目标
拉伸腿部韧带
强度
20 次为 1 组
做 4 组
每组间歇 1 分钟

柔韧性之腰功：提高动作协调性

1 甩腰

动作要点

身体挺立，双腿分开站立，双臂随上身前后甩动。

目标
提高腰部柔韧性
强度
15 次为 1 组
做 3 组
每组间歇 1 分钟

2 涮腰

动作要点

身体挺立，双腿左右分开略宽于肩，以髋关节为轴，上身绕环转动，手臂随之摆动。练习时左右交替进行。

目标
提高腰部柔韧性
强度
15 次为 1 组
做 3 组
每组间歇 1 分钟

柔韧性之肩功：让动作看起来更连贯

1 压肩

动作要点

身体挺立，双腿左右分开与肩同宽，上身前屈，双手扶墙，腰部用力下塌。

目标
提高肩关节柔韧性
强度
15 次为 1 组
做 3 组
每组间歇 1 分钟

2 双臂环绕

动作要点

身体挺立，双腿左右分开站立，双臂伸展以肩为轴环绕转动。

目标
提高肩关节柔韧性
强度
15 次为 1 组
做 3 组
每组间歇 1 分钟

满分突破有妙招

出手和出脚要放长击远，动作尽量舒展大方

健身长拳是武术中一种舒展快速的拳术，考生在训练时注意在出手或出腿时以放长击远为主，其动作撑长舒展、筋顺骨直、闪展灵活、节奏分明，同时身形上要注意挺胸抬头、直腰敛臀、上肢舒展、下肢稳定，眼神要手眼相随，表现出全神贯注、勇敢无畏的气概，这样有利于获得满分。

容易出现的失误、错误和调整建议

1 手眼不协调	**影响：**影响成绩。 **调整建议：**在练习时可请老师或同学帮忙训练和指正，在注意动作训练的同时，保持眼随手转，让眼睛跟上动作。
2 动作不到位	**影响：**影响成绩。 **调整建议：**多观看动作示范与讲解视频，加强动作要领练习，如拳、掌、腰、腿等细节动作变化，从慢到快，熟练掌握。
3 动作不协调或发力不正确	**影响：**影响成绩。 **调整建议：**训练时注意动作的配合，增强力量和着力点的准确性。
4 转身不稳	**影响：**影响成绩。 **调整建议：**明确动作路线与要领，转身动作要以腰带动身体，要稳住重心，先慢再快。
5 震脚无力或精神不饱满	**影响：**影响成绩。 **调整建议：**了解精气神在武术考试中的重要性，特别是震脚等动作需要突出全身用力这一点，可以先慢后快练习震脚，同时加强腿部力量练习。
6 动作遗漏	**影响：**影响成绩。 **调整建议：**在熟练掌握单个动作后，多按顺序练习考试组合动作，在牢记于心的同时形成动作记忆。
7 动作生硬或不连贯	**影响：**影响成绩。 **调整建议：**平时要加强动作练习，特别是不熟练的动作更要加强，待熟练后再加快速度和连贯性，同时要增强自信心，考试时调整好心态。

考试模拟练习

健身长拳测试

练习目标
熟悉考试流程，提高成绩

考试现场回放

考生进入考试场地，面向考务员，做好准备后举起右手示意可以开始。在计时开始后，考生行抱拳礼开始考试，按照起势—开步双劈—按掌前推—搂手勾踢—缠腕斩拳—闪身冲拳—弹踢穿顶—掼拳戳脚—闪身砍推—收势的顺序完成考试。在完成考试后，面向考务员行抱拳礼，考试结束。

考试成绩是由考生完成的动作质量和动作表现决定的。如出现动作遗漏或错误，考生可以继续考试，但要视次数扣除相应动作的分值和动作表现分数。每名考生有两次考试机会，计取好的成绩。

九年级健身长拳评分表

分值	项目
0.5	起势
0.5	开步双劈
0.5	按掌前推
0.5	搂手勾踢
0.5	缠腕斩拳
0.5	闪身冲拳
0.5	弹踢穿顶
0.5	掼拳戳脚
0.5	闪身砍推
0.5	收势
1	60 秒内完成考试；动作遗漏和错误累计不超过 2 次；劲力充足、精神饱满、节奏分明，手眼身法步配合协调；长拳风格（动作舒展，用力顺达，动迅静定）突出；开始、结束的抱拳礼规范

（总分为 6 分）

注：数据参考《北京市义务教育体育与健康考核评价现场考试项目评分标准（试行）》。

超实用满分备考策略

1. 在备考期间，要多练习并熟练掌握健身长拳的动作组合，如开步双劈、按掌前推、搂手勾踢等，做好体能和专项训练，这是取得好成绩的基础。
2. 在考前 3 天左右不要进行强度大的体能训练和运动，避免身体过度疲劳或受伤，影响考试。
3. 多做模拟考试，以适应考试环境和流程，如空间位置、标志等，增强信心，考出好成绩。

健身南拳

扫码看视频

动作分解易记忆

起势

动作要点

- 并步抱拳礼：左掌右拳在胸前相合，成抱拳礼（图1）。
- 收拳转头：抱拳礼后，双手握拳迅速收回腰间，同时头向左转，眼睛平视左前方（图2）。拳掌变换要准确，转头要迅速，收拳与转头同时进行。

①

②

架桥双砸拳

动作要点

- 撤步双架：右脚向右撤步，身体向左拧转，同时双手握拳向左斜上方架出，右手在里，目视双拳（图3）。
- 双拳下砸：屈蹲成马步，同时双拳用力向两侧下砸，目视右拳（图4）。
- 并步抱拳：双腿蹬伸跳起并拢，同时双拳收至腰间，头迅速向左转，目视左侧方（图5）。双拳下砸要有劲力，头向左转要迅速。

缠桥切掌

动作要点

- 上步缠桥：左脚向左上步，成半马步，同时左拳变掌向内划弧抓按（即缠桥），右拳在腰间变掌，目视左前下（图6）。
- 弓步切掌：缠桥后右腿蹬地伸直成弓步，同时右掌向前横掌切出，目视右掌（图7）。抓按要向右下方，切掌要迅速有力，缠桥时手法与步法相协调。

③

④

⑤

⑥

⑦

麒麟步双蝶掌

动作要点

- 左盖步摆掌：左脚向右上步成麒麟步，右脚后跟提起；同时双手变掌，左掌外旋屈肘收于腰间，掌心向前，掌指向下，右掌内旋屈肘收于胸前，掌心向前，掌指向上；目视左侧方（图 8）。
- 右盖步摆掌：右脚经左上步成麒麟步，左脚后跟提起；同时左臂翻转屈肘收于胸前，左掌心向右，掌指向上；右臂翻后转屈肘于腰间，右掌心向前，掌指向下，目视右侧方（图 9）。
- 抱掌上步：左脚向左上步成半马步，同时向左转头，手不动，目视前方（图 10）。
- 弓步双推：蹬转成左弓步，双掌左上右下同时向正前方推出；目视前方，发喊“嗨”声（图 11）。双掌摆收要贴身，双蝶掌前推要有力，注意双手与麒麟步的配合。

蝶掌

踩腿撞拳

动作要点

- 弓步摆掌：上身向左拧转；同时左掌外旋屈肘收于腰间，掌心向前，掌指向下；右掌内旋屈肘收于胸前，掌心向斜下方，掌指向上；目视右掌（图 12）。
- 横切双掌：上身向右拧转，同时双掌向前横切，目视双掌（图 13）。
- 捋手踩腿：双手向后捋抓，左拳至腹前，右拳摆至身后，同时右脚尖外展向前踩踢，目视前下方（图 14）。
- 撤步撞拳：右腿后撤成弓步，同时左拳上架，右拳屈臂向前上方，目视前方（图 15）。双切掌要借转腰之力，捋手踩腿和撤步撞拳均要上下协调有力。

挡桥冲拳

动作要点

- 撤步挡桥：左脚后撤一步，同时右拳屈肘收至腰间，左臂向下格挡，目视前下方（图16）。
- 上步冲拳：左脚上步成弓步，同时右拳向前冲出，左拳屈肘收至腰间，目视前方；同时发喊“嗨”声（图17）。撤步和上步要快，挡桥和冲拳均要有力。

16

17

闪身虎爪

动作要点

- 活步右闪抓：上身向左拧转闪身，左脚撤步成虚步，同时右掌变爪状向左抓挡，“爪心”向左，左拳在腰间变爪状，“爪心”向前，目视“右爪”（图18）。
- 提膝左闪抓：左脚落实蹬地站起，右腿屈膝上提，上身向右拧身左闪，同时“左爪”向右前方推抓，“右爪”下拉屈肘后收，目视“左爪”（图19）。闪身要明显，出“爪”要沉肘有力。

18

19

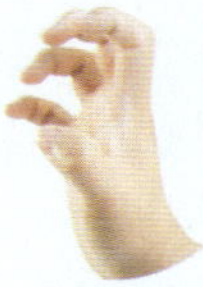
虎爪

上步抽拳

动作要点

- 震脚摆掌：右脚向下震踏，左脚随即上步，同时“左爪”变掌内收至右肩前，“右爪”变拳后摆至身后，目视左侧方（图20）。
- 上步抡抽：身体向左拧转、右脚向前上步，同时左掌经下搂摆至头部左上方上架，右拳经斜上抡抽至身体左下方，头随之右转，目视右侧（图21）。上步下搂和抡抽均要舒展，协调有力。

20

21

架桥双砸拳

动作要点

- 撤步双架：左腿蹬伸站起，右脚随之跟步，同时左掌变拳，双手握拳向上方架出，右手在外，目视双拳（图 22）。
- 双拳下砸：屈蹲成马步，同时双拳用力向左右两侧下砸，目视右拳（图 23）。
- 并步抱拳：双腿蹬伸跳起并拢，同时双拳收至腰间，头迅速向左转，目视左侧方（图 24）。上架要顺势舒展，双拳下砸要有劲力，头向左转要迅速。

22

23

24

收势

动作要点

- 收拳转头：收拳放拳，将头转正，目视正后方。
- 转身抱拳礼：向右后转身，直面前方，面向考务员行抱拳礼（图 25 ）。转身时注意保持身体平稳。

25

日常锻炼有计划

类别	锻炼动作	训练组数	训练间歇	训练频率
热身	扎马步	循序渐进，初站1～2分钟	—	—
专项训练	俯卧撑（参见第 52 页）	15 次 ×3 组	30 秒	一周 3 次
	起势 / 架桥双砸拳 / 缠桥切掌 / 麒麟步双蝶掌 / 踩腿撞拳 / 挡桥冲拳 / 闪身虎爪 / 上步抽拳 / 收势	6 次 ×3 组	4 分钟	一周 3 次
	慢动作登山（参见第 41 页）	8 次 ×2 组	1 分钟	一周 2 次

续表

类别	锻炼动作	训练组数	训练间歇	训练频率
实战测试	健身南拳	2 组	60 秒	一周 3 次
放松恢复	双手向身体侧面拉伸 / 侧压腿（参见第 53 页、54 页）	20 秒 ×2 组	10 秒	—

高分秘籍动作库

练好基本功很重要

扎马步

动作要点

- 上身保持正直，双脚并步站立。双臂垂直体侧，手心向里，指尖向下，目视前方。
- 左脚向左侧跨一步（约为本人脚长的2.5~3倍），随后重心移至双腿之间，膝盖弯曲并内扣，双腿半蹲至大腿与地面接近水平，双脚尖向前，双脚全脚着地；双臂外旋，双肘弯曲，双手变拳，双拳分别抱于两侧腰间，拳心向上；上身稍前倾，挺胸、立腰、沉髋、直背，目视前方。

目标

增强下肢支撑力量，锻炼内气

强度

循序渐进

初练时静站1~2分钟

满分突破有妙招

细节关注 4 个突破点

动有节奏，静有姿势

在练习时，动静相依。动的时候要有节奏、有规律；静的时候姿势要稳重。宁神注意，该动时则动，该静时则静。另外，打拳时眼神要到位。静式时眉宇略紧，注视范围较窄，闭唇合齿，神态严肃稍显怒意；动式时舒眉睁眼，视野较宽，神态自若。

快而不乱，慢而不滞

在整个套路动作中，快慢结合。做动作时有节奏、有目的、有路线。快动作不要盲乱求快；慢动作要舒缓自然，不能停滞。刚而不僵，柔而不断。南拳发刚劲儿，必须腿、腰、背、臂、踝、膝、髋、肩、肘、腕各个关节协调配合，才能发出刚劲儿，而不是拙劲儿和硬劲儿。当动作要柔和时，要的也是柔丝劲儿，连贯柔和，不能断断续续。

重而不笨，轻而不浮

南拳多用马步，并在马步步型不变中，连续做几个手型和手法动作，动作组成是重比轻多。但同学们做动作时，要的是重的沉实劲儿和灵活劲儿，不是紧张的笨手笨脚。在南拳动作中做轻快动作，如“缠桥切掌”“闪身虎爪”等要轻巧、灵快，但又要轻而稳，不虚不浮。

起要快，落要轻

在做南拳套路的动作时，起动要轻快，身体要敏捷，完成动作后前脚掌先着地，然后经过屈膝过渡到全脚掌，从而体现出落地的轻。

容易出现的失误、错误和调整建议

1 麒麟步过高

影响：影响演练水平，影响成绩。
调整建议：做麒麟步时，膝盖不要超过脚尖；闪身时视线不超过脚尖。

2 推掌无力

影响：影响演练水平，影响成绩。
调整建议：可让一名同学拿着手靶，练习动作、发力。

3 用力不顺达、力点不明确

影响：影响演练水平，影响成绩。
调整建议：熟悉动作，揣摩发力和蓄力的时机，提高动作的完成质量，做到用力顺达、劲力充足。

4 运行路线不清晰

影响：容易忘记动作，影响心态和成绩。
调整建议：强化对动作的练习，掌握动作运行路线的熟练度。

5 发“嗨”声时声音小

影响：影响演练水平，影响成绩。
调整建议：找到丹田（位于肚脐下方四指处）的力量，用丹田之力大声发出“嗨”声。

6 遗漏动作，动作不连贯、不协调

影响：影响动作水平，影响成绩。
调整建议：熟练掌握动作的同时加强基本功的训练。

考试模拟练习

健身南拳测试

练习目标

模拟考试现场，熟悉考试流程，增加自信心

考试现场回放

考生听到考试信号后，进入考试场地，站在指定位置，听到开始信号后，行抱拳礼开始考试。同时，考务员计时，考生按规定的顺序完成动作。完成后，面向考务官，行抱拳礼，结束考试。根据考生完成的动作质量和演练水平评分。

超实用满分备考策略

1. 考试前一周，不要给自己增加训练强度，以免让身体过度疲劳，影响成绩。可根据训练情况和疲惫程度微调训练强度，以最佳的状态迎接考试。
2. 考前放下心理包袱，淡化考试压力，保持充足的睡眠和休息。
3. 在老师的带领下进行充分的热身活动，再拉伸韧带，活动好各关节。
4. 进入考试现场，再次复习一下健身南拳的规则要求。注意动作的力度和顺达，精神饱满、动作紧凑、步法稳定。

九年级健身南拳评分表

分值	项目
0.5	起势
0.5	架桥双砸拳
0.5	缠桥切掌
1	麒麟步双蝶掌
0.5	踩腿撞拳
0.5	挡桥冲拳
0.5	闪身虎爪
0.5	上步抽拳
0.5	架桥双砸拳
1	60 秒内完成考试；动作遗漏和错误累计不超过 2 次；劲力充足、精神饱满、节奏分明，手眼身法步配合协调；南拳风格（动作紧凑，步法稳固，发声响亮）突出；开始、结束的抱拳礼规范

（总分为 6 分）

注：数据参考《北京市义务教育体育与健康考核评价现场考试项目评分标准（试行）》。

第八章

体育考试
个性化定制
提分秘籍

肥胖青少年提分攻略

如何判断自己是否肥胖

想知道自己是消瘦、超重还是肥胖，一般是用体质指数（BMI）来判定的。

BMI= 体重（千克）/ 身高（米）^{2}

男生、女生体质指数（BMI）单项评分表（单位：千克/米^2）

等级		正常	低体重	超重	肥胖
单项得分		100	80		60
一年级	男	13.5~18.1	≤ 13.4	18.2~20.3	≥ 20.4
	女	13.3~17.3	≤ 13.2	17.4~19.2	≥ 19.3
二年级	男	13.7~18.4	≤ 13.6	18.5~20.4	≥ 20.5
	女	13.5~17.8	≤ 13.4	17.9~20.2	≥ 20.3
三年级	男	13.9~19.4	≤ 13.8	19.5~22.1	≥ 22.2
	女	13.6~18.6	≤ 13.5	18.7~21.1	≥ 21.2
四年级	男	14.2~20.1	≤ 14.1	20.2~22.6	≥ 22.7
	女	13.7~19.4	≤ 13.6	19.5~22.0	≥ 22.1
五年级	男	14.4~21.4	≤ 14.3	21.5~24.1	≥ 24.2
	女	13.8~20.5	≤ 13.7	20.6~22.9	≥ 23.0
六年级	男	14.7~21.8	≤ 14.6	21.9~24.5	≥ 24.6
	女	14.2~20.8	≤ 14.1	20.9~23.6	≥ 23.7
七年级	男	15.5~22.1	≤ 15.4	22.2~24.9	≥ 25.0
	女	14.8~21.7	≤ 14.7	21.8~24.4	≥ 24.5

续表

等级		正常	低体重	超重	肥胖
单项得分		100	80		60
八年级	男	15.7~22.5	≤ 15.6	22.6~25.2	≥ 25.3
	女	15.3~22.2	≤ 15.2	22.3~24.8	≥ 24.9
九年级	男	15.8~22.8	≤ 15.7	22.9~26.0	≥ 26.1
	女	16.0~22.6	≤ 15.9	22.7~25.1	≥ 25.2

注：数据来源《国家学生体质健康标准（2014 年修订）》。

这样做，让“肥胖”成“健美”

1 控制运动强度：循序渐进，做有针对性的体能训练。

2 选择合适的运动类型：中等强度的有氧运动配合力量及柔韧性训练。

3 预防关节损伤：加强关节周围肌群的训练及关节的稳固性。

4 饮食方面：控制食物总量；选择健康食物，适当控制碳水化合物、脂肪的摄入，可适当增加蛋白质的摄入；纠正不良饮食习惯；适当控制食欲，适度吃喜欢的食物，享受美食，养成能够长期坚持的饮食习惯。

5 心理方面：积极参与体育活动，保持良好的心态；出现不良情绪时，及时和信任的人沟通；自己鼓励自己，接纳自己，增强自信心。

定制专门的训练方案

以下方案仅供参考，肥胖的同学可根据自己的需要和身体情况选择训练项目和练习量，也可以自己学着制订属于自己的训练方案，难度由低到高，不断寻求提升。

动态热身

提踵 30 次 ×3 组
左右横跨跳跃 20 秒 ×2 组
开合跳 20 次 ×2 组
单腿跳 12 次 ×4 组
高抬腿跑 20 米 ×3 组
两头起 15 次 ×3 组
斜上方伸展双臂 20 次 ×2 组
波比跳 15 个 ×2 组

跑步技术训练

深蹲跳 15 个 ×2 组
原地交换跳 40 次 ×3 组
1000米跑（男）/800米跑（女）每周2～3次

力量训练

台阶交换跳 50 次 ×3 组
原地挺身跳 12 次 ×4 组
俄罗斯转体 25 次 ×4 组
快速仰卧起坐 40 秒 ×3 组

放松训练

静态拉伸 20 秒 ×2 组

注：大家可以根据自己的身体情况和生活安排，在以上4组运动中各选择1～2种进行运动。需要注意安排好间歇时间，间歇是有进阶的，越往后组数越多的情况下间歇时间越长。

Tips 肥胖是饮食结构、饮食习惯不合理导致的。肥胖的同学在选择项目时可选择实心球进行训练，实心球需要上肢力量更强一些，在这方面优势更大。另外，肥胖的同学在参加中考时，可选择宽松一些的裤子，以免跑步磨腿产生不适。

瘦小青少年提分攻略

这样做，“瘦小”变“高大”

1 去医院检查身体瘦小是否为消化系统不良的原因，如果是则遵医嘱进行治疗。

2 饮食方面加强营养，每餐多吃一点，增加碳水化合物的摄入；改掉不良饮食习惯，不要偏食、挑食。

3 保持充足的睡眠，睡前喝一杯热牛奶，可补钙、强身健体。

4 多锻炼，尤其加强肌肉力量的训练。

Tips

瘦小的同学可根据自身条件，优先考虑速度和灵巧性要求高的项目。男生在选择项目时可选择引体向上进行训练，因为本身体重低，加强手臂和背部的训练后就更容易做到了。

弗兰克·赞恩本是瘦小的体格，却练成奥赛健美史上的传奇人物。所以瘦小的同学不要给自己设限，只要加强锻炼，不仅能身强体健，中考体育更是不在话下。

定制专门的训练方案

以下方案仅供参考，瘦小的同学可根据自己的需要和身体情况选择训练项目和练习量，也可以自己学着制订属于自己的训练方案，难度由低到高，不断寻求提升。

动态热身

提踵 30 次 ×3 组
左右横跨跳跃 20 秒 ×2 组
开合跳 20 次 ×2 组
抱头深蹲 10 次 ×3 组
高抬腿跑 30 米 ×3 组
俯卧两头起 15 次 ×3 组
深蹲跳 15 个 ×2 组
波比跳 15 个 ×2 组

跑步技术训练

箭步蹲跳 15 个 ×2 组
1000米跑（男）/800米跑（女）每周2～3次

力量训练

蛙跳 20 次 ×3 组
原地收腹跳 15 次 ×3 组
俯卧撑 15 次 ×3 组
俄罗斯转体 25 次 ×4 组

放松训练

静态拉伸 20 秒 ×2 组

注：大家可以根据自己的身体情况和生活安排，在以上4组运动中各选择1～2种进行运动。需要注意安排好间歇时间，间歇是有进阶的，越往后组数越多的情况下间歇时间越长。

身体虚弱青少年提分攻略

距离中考体育考试越来越近，有些同学会因体育差而烦恼，特别是有体力差、动作不协调、心肺功能差、易疲劳、心悸等“体弱多病”的状况，这时该怎么办？“体弱多病”的同学可以根据自身具体情况按照计划来训练，适当增加组数、减少间歇时间，不断寻求提升。

这样做，“虚弱”变“健壮”

1 瘦弱的同学增加饮食总热量的摄入，使热量“入大于出”。

2 增加力量训练，每周至少保证 4 次，而且训练的难度应循序渐进地增加。

3 增重不是增肥，要吃健康的食物，而非烧烤、炸串等。每餐都安排含有蛋白质、优质脂肪、碳水化合物的主食、肉类，此外，蔬菜也不能少。

4 保持充足的睡眠，吃好练好了，肌肉会在睡觉的时候增长。

5 变强壮是个漫长的过程，大家需要有耐心。

定制专门的训练方案

以下方案仅供参考，身体虚弱的同学可根据自己的需要和身体情况选择训练项目和练习量，也可以自己学着制订属于自己的训练方案，难度由低到高，不断寻求提升。

动态热身

箭步蹲跳 15 个 ×2 组

波比跳 15 个 ×2 组

深蹲跳 15 个 ×2 组

正压腿 10 次 ×3 组

跑步技术训练

高抬腿跑 30 米 ×3 组

正踢腿 10 次 ×3 组

1000米跑（男）/800米跑（女）每周2～3次

力量训练

立定跳远 8 次 ×2 组

原地收腹跳 15 次 ×3 组

平板支撑 30 秒 ×3 组

放松训练

静态拉伸 20 秒 ×2 组

注：大家可以根据自己的身体情况和生活安排，在以上4组运动中各选择1～2种进行运动。需要注意安排好间歇时间，间歇是有进阶的，越往后组数越多的情况下间歇时间越长。

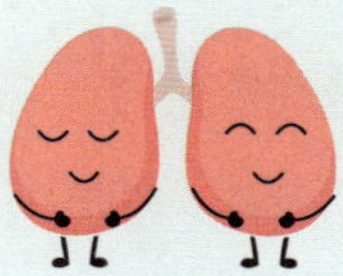

如何提高肺活量

肺活量现场测试

听仪器指示开始测试，深吸一口气，嘴巴对准吹嘴，不间断用力向吹嘴内吹气。一次测试中不能中途二次吸气，所以要一气呵成、直到不能呼气为止。

超实用满分备考策略

1. 学会深吸气，像闻花一样慢慢吸气；深吸气后屏住气再对准吹嘴尽力深呼气，直到达到最大值。
2. 吹气时吹筒下方出气为正常出气，请勿用手堵住出气孔。

不会吹气怎么办

如果没有掌握吹气的技巧，测试的时候测不出真实水平。推荐用下面两种方法来改善。

1. 购买一个居家肺活量测试仪，按操作规则练习。吹之前深吸一口气，嘴巴对准吹嘴，捂紧不要漏气，以中等速度和力度吹，效果更好，身体从站立到弯腰把气都吹出来，中间不要有停顿，一旦停顿测试就结束了。

2.如果没有肺活量测试仪，可以通过吹气球来锻炼肺活量。取一只未充气的气球，深吸一口气至不能再吸，稍屏气后对着气球口慢慢吹，直到吹不动为止。吹5～10次为一组，每天2～3组。

肺活量差、心肺功能不强怎么提升

肺活量差、心肺功能不是很强的同学，需要通过提高运动量，多参加一些有氧运动来改善心肺功能，推荐游泳、高抬腿走、原地收腹跳等。

男生、女生肺活量单项评分表

等级	单项得分	四年级		六年级		八年级	
		男	女	男	女	男	女
优秀	100	2600	2000	3200	2500	3940	2900
	95	2500	1900	3100	2400	3820	2850
	90	2400	1800	3000	2300	3700	2800
良好	85	2150	1700	2750	2200	3450	2650
	80	1900	1600	2500	2100	3200	2500
及格	78	1820	1530	2400	2010	3080	2400
	76	1740	1460	2300	1920	2960	2300
	74	1660	1390	2200	1830	2840	2200
	72	1580	1320	2100	1740	2720	2100
	70	1500	1250	2000	1650	2600	2000
	68	1420	1180	1900	1560	2480	1900
	66	1340	1110	1800	1470	2360	1800
	64	1260	1040	1700	1380	2240	1700
	62	1180	970	1600	1290	2120	1600
	60	1100	900	1500	1200	2000	1500
不及格	50	1030	880	1410	1170	1890	1460
	40	960	860	1320	1140	1780	1420
	30	890	840	1230	1110	1670	1380
	20	820	820	1140	1080	1560	1340
	10	750	800	1050	1050	1450	1300

（单位：毫升）

注：数据来源《国家学生体质健康标准（2014 年修订）》。北京市目前按照“达到良好即满分”的原则进行测评。

中小学生 12 周体育考前锻炼打卡表

第 1 个月

第 1 周

坐位体前屈			☐
1 分钟仰卧起坐			☐
50 米 ×8 往返跑			☐
50 米跑	☐	1 分钟跳绳	☐
立定跳远	☐	引体向上	☐
1000 米跑 男	☐	800 米跑 女	☐
素质项目 1	☐	素质项目 2	☐
运动能力 1	☐	运动能力 2	☐

第 2 周

坐位体前屈			☐
1 分钟仰卧起坐			☐
50 米 ×8 往返跑			☐
50 米跑	☐	1 分钟跳绳	☐
立定跳远	☐	引体向上	☐
1000 米跑 男	☐	800 米跑 女	☐
素质项目 1	☐	素质项目 2	☐
运动能力 1	☐	运动能力 2	☐

第 3 周

坐位体前屈			☐
1 分钟仰卧起坐			☐
50 米 ×8 往返跑			☐
50 米跑	☐	1 分钟跳绳	☐
立定跳远	☐	引体向上	☐
1000 米跑 男	☐	800 米跑 女	☐
素质项目 1	☐	素质项目 2	☐
运动能力 1	☐	运动能力 2	☐

第 4 周

坐位体前屈			☐
1 分钟仰卧起坐			☐
50 米 ×8 往返跑			☐
50 米跑	☐	1 分钟跳绳	☐
立定跳远	☐	引体向上	☐
1000 米跑 男	☐	800 米跑 女	☐
素质项目 1	☐	素质项目 2	☐
运动能力 1	☐	运动能力 2	☐

第 2 个月

第 1 周

坐位体前屈			☐
1 分钟仰卧起坐			☐
50 米 ×8 往返跑			☐
50 米跑	☐	1 分钟跳绳	☐
立定跳远	☐	引体向上	☐
1000 米跑 男	☐	800 米跑 女	☐
素质项目 1	☐	素质项目 2	☐
运动能力 1	☐	运动能力 2	☐

第 2 周

坐位体前屈			☐
1 分钟仰卧起坐			☐
50 米 ×8 往返跑			☐
50 米跑	☐	1 分钟跳绳	☐
立定跳远	☐	引体向上	☐
1000 米跑 男	☐	800 米跑 女	☐
素质项目 1	☐	素质项目 2	☐
运动能力 1	☐	运动能力 2	☐

第 3 周

坐位体前屈			☐
1 分钟仰卧起坐			☐
50 米 ×8 往返跑			☐
50 米跑	☐	1 分钟跳绳	☐
立定跳远	☐	引体向上	☐
1000 米跑 男	☐	800 米跑 女	☐
素质项目 1	☐	素质项目 2	☐
运动能力 1	☐	运动能力 2	☐

第 4 周

坐位体前屈			☐
1 分钟仰卧起坐			☐
50 米 ×8 往返跑			☐
50 米跑	☐	1 分钟跳绳	☐
立定跳远	☐	引体向上	☐
1000 米跑 男	☐	800 米跑 女	☐
素质项目 1	☐	素质项目 2	☐
运动能力 1	☐	运动能力 2	☐

第 3 个月

第 1 周

坐位体前屈			☐
1 分钟仰卧起坐			☐
50 米 ×8 往返跑			☐
50 米跑	☐	1 分钟跳绳	☐
立定跳远	☐	引体向上	☐
1000 米跑 男	☐	800 米跑 女	☐
素质项目 1	☐	素质项目 2	☐
运动能力 1	☐	运动能力 2	☐

第 2 周

坐位体前屈			☐
1 分钟仰卧起坐			☐
50 米 ×8 往返跑			☐
50 米跑	☐	1 分钟跳绳	☐
立定跳远	☐	引体向上	☐
1000 米跑 男	☐	800 米跑 女	☐
素质项目 1	☐	素质项目 2	☐
运动能力 1	☐	运动能力 2	☐

第 3 周

坐位体前屈			☐
1 分钟仰卧起坐			☐
50 米 ×8 往返跑			☐
50 米跑	☐	1 分钟跳绳	☐
立定跳远	☐	引体向上	☐
1000 米跑 男	☐	800 米跑 女	☐
素质项目 1	☐	素质项目 2	☐
运动能力 1	☐	运动能力 2	☐

第 4 周

坐位体前屈			☐
1 分钟仰卧起坐			☐
50 米 ×8 往返跑			☐
50 米跑	☐	1 分钟跳绳	☐
立定跳远	☐	引体向上	☐
1000 米跑 男	☐	800 米跑 女	☐
素质项目 1	☐	素质项目 2	☐
运动能力 1	☐	运动能力 2	☐

每周练习 3~4 次，别忘了周末来打卡，坚持下来，你就是最棒的！

页面有限，这里只列出考前 12 周打卡表，你可以无限复制，选择喜爱、适合自己的运动，坚持锻炼一辈子！

注：素质项目 1、素质项目 2、运动能力 1、运动能力 2 的具体项目请参见第 31 页

图书在版编目（CIP）数据

会运动的孩子真棒 / 王广阔主编 . -- 北京 : 中国轻工业出版社，2024.11. --ISBN 978-7-5184-5091-6

Ⅰ . G633.962

中国国家版本馆 CIP 数据核字第 20241LC522 号

责任编辑：翟　燕　　责任终审：高惠京　　设计制作：悦然生活
策划编辑：翟　燕　　责任校对：朱燕春　　责任监印：张京华

出版发行：中国轻工业出版社（北京鲁谷东街 5 号，邮编：100040）
印　　刷：北京博海升彩色印刷有限公司
经　　销：各地新华书店
版　　次：2024 年 11 月第 1 版第 2 次印刷
开　　本：710×1000　1/16　印张：12.5
字　　数：150 千字
书　　号：ISBN 978-7-5184-5091-6　定价：49.80 元
邮购电话：010-85119873
发行电话：010-85119832　010-85119912
网　　址：http://www.chlip.com.cn
Email：club@chlip.com.cn

241949E3C102ZBW